国税OBだけが知っている失敗しない相続

坂田拓也

文春新書

1370

はじめに

相続は「争続」と表現されるほど争いが起きる。相続が始まった途端、人は、自分でも思いがけないほど感情が噴き出し、相続人同士がぶつかるためだ。加えて、民法で定められている相続制度、及び相続税法で規定されている相続税制が大変複雑で、それに翻弄されてトラブルが起きることも少なくない。

本書は、そうした争いやトラブルの実例を挙げ、相続に向けて事前にすべきこと、または相続時に間違わないための方法を詳述したものだ（本文中、実例は太字で記載）。

自らの経験を踏まえて実例を基に指南してくれたのは、国税庁で相続事案に従事した後、開業して相続を多く手掛けている国税ＯＢの税理士たちである。

相続税を申告する際は税理士に委任することが多く、また、事前に相続について相談するなら税理士が頼りになる。しかし、全国に約８万人いる税理士の大半は法人税や所得税を専門としていて、実は相続に詳しい税理士は少ない。この中で、税務署の調査官として様々な事案に触れ、税理士になってさらに多くの相続を見てきた国税ＯＢは、相続の実情を誰よりも知る存在なのだ。

争いやトラブルは本当に多い。

――父親が遺言書を遺していたために、長年一緒に暮らしてきたにもかかわらず決裂した母と娘。父親の相続の時に間違いを犯し、母親の相続時に土地が売れなくなった長男。相続後、亡父の家を取り壊し、税務調査で追徴課税された男性。縁を切ったはずの孫に遺産を渡すことになった家族もいれば、存在すら知らなかった甥に、亡夫の遺産を取られた妻もいる。夫が密かに愛人のために生命保険に加入していて、自分への相続税が加算されて怒り心頭に発した妻もいる。

これらのトラブルは、制度を知らなかったために起きたものが多いことにも留意する必要がある。

近年、相続税の課税ライン引き下げと共に相続税への関心が高まり、相続対策に着手する人が増えてきたが、対策を巡るトラブルも多い。

長年にわたり子供たちに生前贈与を続け、１億円を超える財産を移して節税に成功したはずだったのに、税務署に否認され、全額課税された中小企業の社長。節税策を勘違いして総額７０００万円もの生命保険を契約してしまった資産家の男性もいる。

忙しさにかまけて相続対策を怠ったために、夫の急死により、住む家を失ってしまった妻がいる。逆に、会社の承継と相続を合わせて事前の対策に着手したばかりに、子供に会社を取られてしまった経営者の男性がいる。

また、相続に詳しくない税理士に申告を委任したばかりに、相続税を１０００万円以上も余計に納めた人もいる。相続税の納め過ぎは少なくないという。税務署は申告漏れには厳しいが、納め過ぎについては、申告に間違いがない限りそのままにするため、申告者には払い過ぎが分からない。

高齢化を反映したトラブルも増えている。母親が認知症になり、マンションが売れなくなった長男。父親を介護するために長男が父親の預金を下ろし、父親が亡くなった時に揉めた兄妹。亡父の家を相続したものの、売れずに3年が過ぎて困り果てる人もいる。

これらの争いやトラブルの多くは、事前に対策を講じ、相続の際に間違わなければ、避けることができたものだ。

毎年、１３０万〜１４０万人の人が亡くなる。そのうち、財産が一定額を超えて相続税の申告が必要となる人は十数万人いる（故人の数）。実際に納税するのは、妻（配偶者）や子供など財産を譲り受けた相続人であり、その数は毎年30万人近くに上る。相続は他人事ではないし、争いやトラブルもまた、身近なものである。

国税ＯＢだけが知っている失敗しない相続　目次

第1章　相続の「落とし穴」

相続制度は複雑であり、相続時に勘違いや間違いは数多く起きる。

相続制度は複雑であり、制度を知らず、または誤解していたために相続時に問題が生じることは多い。相続税の申告書作成には時間がかかるため余裕を持って臨むことが大切だが、財産分割の方法を間違えて相続税を払い過ぎることもあれば、相続放棄などの制度に翻弄されることもある。相続争いが起きる最大の原因が不動産だ。現金等と異なり、不動産は分割することが難しいためだが、それによって生じる問題は様々ある。新設された「配偶者居住権」にも問題がある。

課税対象者の増加

相続税は、故人が一定額以上の財産を遺した時に、財産を受け取った相続人に課税される。税率は、相続した財産の額に対して累進で上がり、10%〜55%まで8段階に設定されている。

一定額以上とは、２０１４年までは〈５０００万円＋法定相続人の数×１０００万円〉を「基礎控除額」として、これ以上の財産があった時に課税された。この課税ラインは引き下げられ、２０１５年１月以降は、〈３０００万円＋法定相続人の数×６００万円〉を超えると課税されるようになった。

相続税の課税状況

	2019年	2020年
死亡者数（被相続人の数）	138万1093人	137万2755人
相続税が課税された被相続人数	11万5267人	12万372人
他、申告書提出で税額ゼロの被相続人数	3万2534人	3万2651人
課税割合	8.3%	8.8%
相続税を納税した相続人数	25万4517人	26万4455人
課税価格	15兆7843億円	16兆3937億円
他、税額ゼロの価格	1兆6644億円	1兆6657億円
税額	1兆9754億円	2兆915億円
被相続人１人当たり課税価格	1億3694万円	1億3619万円
被相続人１人当たり税額	1714万円	1737万円

（国税庁 2021年12月）

※「課税割合」は、死亡者数に対する課税件数の割合。

相続税の税率

法定相続分に応ずる取得金額	税率	控除額
1000万円以下	10%	—
3000万円以下	15%	50万円
5000万円以下	20%	200万円
1億円以下	30%	700万円
2億円以下	40%	1700万円
3億円以下	45%	2700万円
6億円以下	50%	4200万円
6億円超	55%	7200万円

（国税庁、2015年1月1日以降の相続）

たとえば夫が亡くなり、相続人が妻と子供２人の計３人だった時、以前は財産８０００万円以上に課税されたが、改正により、財産４８００万円以上に課税されることになったのだ。

改正の影響は大きく、２０１４年まで例年５万数千人だった課税対象者（故人の数）は、２０１５年に約10万３０００人と倍増し、２０２０年には約12万人まで増えている。

この数年の地価上昇により、都内の住宅地では課税対象者がさらに増えている。

（以下、本文及び表の統計等に関する「年」は、「年度」「事務年度」を含む）

死亡者数に占める相続税の課税割合は全国平均で８・８％（２０２０年）。地価上昇が続く都内の住宅地では申告割合が格段に高く、世田谷区40％、目黒区と杉並区が38％、文京区が37％、中野区が30％……と続き、５割に迫っている（２０１６年）。

申告割合を算出したのは、東京国税局で、大きな不正事案を担当する特別国税調査官を務めた岡田俊明税理士だ。

「相続税制の改正によって課税対象者が増えた上に、都内の地価上昇が大きく影響しています。相続税はこれまで限られた富裕層だけの話でしたが、都心部の住宅地に持ち家があれば課税対象となるため明らかに状況が変わりました」（岡田税理士）

都内では相続税の支払いは頭の痛い問題だ。

「お義父さんの土地を相続する時、相続税が７００万円かかりそうよ。貯金しなければね……」

東京・世田谷区に住む50代後半の男性サラリーマンは、最近、妻にこう言われた。

男性は20代後半で結婚し、父親が所有していた実家近くの土地にローンを組んで2階建ての家を建てた。以来30年住み続け、１人息子の独立を機に５００万円かけてリフォームした。

男性は、父親が亡くなった時に父親所有の土地を相続して住み続ける予定だが、相続税の負担が重くなることは前々から懸念していた。

男性が住む世田谷区は地価上昇が激しい。相続税の算出基準となる路線価を見ると、２０１２年に１坪１４５万円だった男性の自宅の土地は、２０２１年に１坪１８５万円まで上昇し、40坪の土地が５８００万円から７４００万円まで１６００万円も上がった。

相続税はその分高くなり、納税資金の捻出を迫られる。

「以前、相続税を減らせる方法があると聞いて父親に相談しましたが、途端に機嫌が悪くなり、それからは言い出せなくなりました。亡くなるまで土地は父親のものだから仕方ありません。それまでに貯金できなければ銀行に借りるしかありませんが、この先は夫婦2人だけなので、売ってマンションに移ることを考えてもいいのかもしれません……」（男性）

申告期限が迫って慌てる相続人

相続税の申告は、故人（被相続人）が死亡した日の翌日から10カ月以内に行うことが義務づけられている。1月6日に死亡した時は11月6日が申告期限となる。期限日が土曜・日曜・祝日の時はその翌日が期限となる。相続税の申告書は、被相続人の住所を管轄する税務署に提出する（正確に言えば、故人の「死を知った日」の翌日からであり、知らなかった場合は申告期限がその分先になる）。

10カ月の期間は十分時間があるように見えるが、案外余裕はない。東京国税局で資産課税部門（相続税、贈与税、譲渡所得等を担当）を歩んだ阿保秋声税理士はこう話す。

相続財産額別の申告状況（2019年）

2015年1月に相続税の課税ラインが引き下げられた結果、相続税の申告は相続財産1億円未満が多数を占めるようになったが、特例などを利用して相続税ゼロになる件数が多い。

課税価格	申告（被相続人数）	課税（被相続人数）
5000万円以下	3万2016人	1万1303人
5000万円～	6万8209人	5万8572人
1億円～	3万2012人	2万9915人
2億円～	7791人	7742人
3億円～	4686人	4662人
5億円～	1436人	1428人
7億円～	840人	835人
10億円～	601人	600人
20億円～	126人	126人
30億円～	45人	45人
50億円～	13人	13人
70億円～	9人	9人
100億円～	17人	17人
合計	14万7801人	11万5267人

（税務統計2021年10月）

「悲しみに暮れている時に、相続税申告の準備に取り掛かれるものではありません。しかし四十九日を終え、2、3カ月過ぎた頃には準備をはじめて欲しい。そうすれば、税理士は申告まで3、4カ月の期間が得られます。財産に関することであり、相続人と税理士は信頼関係を築くことが重要です。そのためにはある程度時間が必要ですが、多くの人は準備をはじめるまでが遅いのです」

着手してからも時間がかかる。相続専門の杉江延雄税理士が話す。

「故人の戸籍は出生まで遡って集めますが、結婚や離婚などで2回、3回と戸籍が変わっている人も多い。戸籍を見て相続人が特定できた時、住所が分からなくなっている相続人が出てくることもあり、簡単に探せるとは限りません。銀行や証券会社に行って財産の額を把握するのもすぐにはできません。相続人を特定し、全体の財産を把握し、税理士が相続税の額を算出して示した後、相続人が遺産分割協議に入り、相続人全員が合意できれば押印して申告します。しかし合意まで時間がかかることもあるのです」

銀行預金は、死亡日の残高を見るだけではない。

「故人が行った過去3年分の贈与は相続財産に含まれるため、少なくとも過去3年分は入出金を見て、多額の金が出金されていれば出金先も調べます。ペイオフが解禁されたため口座を分散している人が多く、普通は通帳2、3冊、多くて5冊ですが、20冊という人がいました。この時は付きっ切りで担当し、ＰＣにデータを入力していきました」（杉江税理士）

　また、株の配当は通常半年ごとのため、亡くなって数カ月過ぎた時に配当通知が来て、初めて株所有が分かることもある。父親の預金通帳を見て「少ない」と思って探してみると時価１５００万円の株が出てきて、さらに探すと投資信託が出て来たこともあるという。

　杉江税理士はこう話す。

「自分で申告するつもりで勉強して、意外に大変であることが分かり、申告の依頼に来た人がいますが、申告期限まで4カ月の時でした。また、仕事の付き合いのあった法人決算専門の税理士に依頼して、手続きが進まない間に税理士が病気になり、慌てて依頼に来た人もいます」

　親が亡くなった後に財産が次々と出てきて慌てることもある。

12月半ばのある日、80代の父親を亡くした相続人3人が、慌てて阿保税理士を訪ねて来

た。

父親は財産がそれほどなかったため、3人は相続税の申告は必要ないと思っていた。父親が住んでいた実家の片付けも忙しさにかまけて先送りしていたが……。

阿保税理士が振り返る。

「しばらくして父親の家を整理していると、仏壇の下から巾着袋に入った預金通帳が出て来たり、蓄財の対象として一時期流行したプラチナの地金が出てきたりして、『仰天しました』と話していました」

相続税の申告が必要だと３人が知ったのは、期限まで３週間に迫った時だった。

阿保税理士は相続人３人に、故人の預金通帳の過去３年分のコピーの準備をお願いし、阿保税理士自身は、故人の自宅を評価するために巻き尺を持って車で現地へ向かった。

財産が１億円を超える人は早く動く。遅れがちなのは、不動産と預貯金で５０００万円～１億円程度の人。非課税だと思ってのん気に構えていて、課税されることが分かって慌てる人は少なくないという。

なお、申告期限までに相続人の間で遺産分割に合意できなければ、「未分割」として一旦申告し、3年以内に修正申告することができる。しかし法定通りの分割として申告すれば修正申告はできなくなる（用紙が異なる）。申告した後に財産の分配を調整すれば、贈与として贈与税がかかる可能性もある。

「以前、分割で揉めていて、修正できるとどこかで聞きかじって期限が来たのでとりあえず押印したけれど、修正できないケースだった人がいました」（同）

申告期限までに申告しなかった時は、本来の相続税に加えて加算税や延滞税が課せられたり、無申告として税務調査が入る場合もある。

「1次相続」と「2次相続」

多くの場合、相続は、最初に父親（または母親）が亡くなった時と、次に母親（父親）が亡くなった時と2回起きる。最初の相続を「1次相続」、2回目の相続を「2次相続」と呼ぶ。

この1次相続と2次相続で相続人が相続する割合によって、通算した相続税の負担が大きく変わることがある。1次相続が起きた時に、2次相続のことを見据えて財産を分配することは大変重要だ。

代表的なのは「配偶者控除」を利用する時だ。
妻（配偶者）は相続で優遇され、「法定相続分」（法定相続人が配偶者１人の時はすべて、配偶者と子供の時は２分の１など）または「１億６０００万円まで」は相続税がかからない（配偶者控除）。

たとえば亡夫の財産が１億円あり、相続人が妻と子供１人だった時、妻が配偶者控除を利用して夫の財産をすべて相続すれば相続税はゼロ。一方、妻と子供が法定通り半分ずつ相続した時は、妻は相続税ゼロだが、子供に３８５万円の相続税がかかる。

しかし、この１次相続で妻がすべて相続すると、２次相続の時に、子供が負担する相続税は１２２０万円に跳ね上がるのだ。

大阪国税局で資産課税部門を歩み、現在は相続税専門の内田誠税理士が話す。

「このケースでは、１次相続の時に子供も半分相続していれば、２次相続の時に子供が負担する相続税は１６０万円で済みます。１次相続で妻がすべて相続してしまうと、１次と２次を通算して見れば、６７５万円も相続税を余計に払うことになります。

税務署にいた時によく見ましたが、１次相続の時に目先だけを見て、妻がすべて相続することをすすめる税理士もいるのです」

１次相続で妻がすべて相続すると損をする

（例）

夫・妻・子１人の３人家族で、
夫が財産１億円を遺して死亡（１次相続）、次に妻が死亡（２次相続）した場合

（1）１次相続で妻がすべて相続した場合

１次相続の相続税額

妻の相続税＝０円（配偶者控除を利用）
子の相続税＝０円（相続なし）

２次相続の相続税額

子の相続税＝1220万円

１次と２次の相続税の合計＝1220万円

（2）１次相続で妻と子が半分ずつ相続した場合

１次相続の相続税額

妻の相続税＝０円（配偶者控除を利用）
子の相続税＝385万円

２次相続の相続税額

子の相続税＝160万円

１次と２次の相続税の合計＝ 545万円

１次相続で妻と子供が半分ずつ相続すれば、
１次相続で妻がすべて相続した時に比べ、
相続税の合計は675万円下げられる。

「損をした！」と2次相続の時に分かっても取り返しはつかない。1次と2次の相続を通算して相続税を抑えるために、1次相続の時に子供がある程度相続したほうがいいケースは多いという。

ただし、1次相続で妻が配偶者控除を利用して相続税ゼロで相続した後、妻が税対策に着手して2次相続の時の税額を減らすことができる。

税対策である生前贈与は、親は言い出さず、子供は提案しにくいという問題があるが、相続を一度経験すれば子供も提案しやすくなるだろう。夫が亡くなった後、妻が生前贈与に着手すれば、相続税を減らすことができる。

また、故人と同居していた配偶者や子供が自宅を相続する時は、土地の評価を8割減額できる特例（小規模宅地等の特例）の利用も効果がある。

夫が亡くなった時に子供が同居していなくても、妻が1人になった時に同居を始めれば、妻が亡くなった時に子供が特例を利用して相続税を減らせる可能性がある（2次相続に向けて同居を始める時は、厳しい条件があることに注意）。

このように、単に2次相続のことを考えるのではなく、1次相続後にできることも考慮する必要がある。

大阪国税局で資産課税部門を歩み、現在は相続税専門の秋山清成税理士はこう話す。

「１次相続の時に配偶者がどれだけ相続すればもっとも有利になるかは、夫妻それぞれの財産と相続人の数、家族の状況によって異なり、１００の家族があれば１００通りの形があります。

１次相続後に妻が生前贈与を始めることを考えても、妻の年齢や健康状態によって生前贈与できる期間が変わるため、毎年の贈与額の検討も必要です。どの形がいいか探すのは大変難しく、手間がかかるものです」

最大の問題は「名義預金」

税務署が税務調査で狙う最大のターゲットが「名義預金」だ。

名義預金とは、夫が亡くなった時に、妻や子供の名義の預金であっても夫の財産として相続税の課税対象になる預金のこと。

夫が妻名義の口座に生活費を毎月入れ、妻が生活費を切り詰めて２０００万円貯まったとする。妻は自分が貯めたお金だと考えがちだが、原資は夫の給料であり、夫の財産を妻名義の口座に入れていただけと判断されるのだ。

夫婦の財産形成には妻の貢献も当然あるが、その分、妻（配偶者）が相続する時は配偶者控除という大きな優遇策が設けられている。

妻名義の口座だけではなく、子供の将来のために子供名義の口座を作って預金を続けた場合も、名義預金と判断されて課税される可能性が高い。

「名義預金ではなく、もらったもの！」と税務署に主張する相続人もいる。

もらったもの（贈与）だった場合、贈与税の時効は6年、故意に申告しなかった場合でも7年と定められ、それ以前の贈与は問われない。また、税務署は贈与税の申告漏れについても税務調査に入るが、夫が妻の口座にお金を入れた程度では税務調査に入らないともされる。したがって贈与と認められれば、預金の大半は時効の過ぎた贈与として課税されないことになる。

しかし税務署はそんなに甘くない。贈与は、贈る側と受け取る側の合意があり、受け取った側が自由に財産を処分できる実態が必要となる。「夫が妻の口座に生活費を入れていた」「夫が子供のために子供名義の口座にお金を入れていた」などのケースは、贈与とは認められにくいという。

そうは言っても、家族間のお金のやり取りは曖昧なものが多く、名義預金と判断されるか否かは「グレーゾーン」が多い。

たとえば妻名義の家計口座を作り、夫婦共働きで給料を家計口座に入れていて夫が亡くなった場合、どの程度の額が名義預金として課税対象になるかの判断は大変難しいという。

秋山税理士が話す。

「20歳そこそこの子供に１０００万円の預金があればおかしいでしょう。こうした明らかな名義預金は申告しなければ税務調査が入ります。税務署の側が名義預金であることを証明しなければいけませんが、税務署は情報を集めています。

私は調査官を務めていたため名義預金と判断されるか否かはだいたい分かりますが、税理士になり、それでも判断に迷う時があります。相続人の利益を守ろうと思えば、判断の付かないグレーゾーンの預金は申告せず、税務署の判断を待つこともあります」

「税務署と勝負しますか？」——秋山税理士は相続人にこう聞く。

税務調査で名義預金と判断されて課税されるケースは大変多い。

２０１９年の税務調査で申告漏れが指摘された財産の内訳は、「現金・預貯金等」が33・１％、「土地」が12・４％、「有価証券」が10・８％と続く。毎年、この割合はほぼ変わらない。

最多の「現金・預貯金等」の内容は、タンス預金を申告しなかったケースもあるが、大半は名義預金と見られる。その額は２０１９年で９９３億円に達している（２０２０年12月、国税庁発表。コロナ禍により、２０２０年の税務調査の数は前年に比べて半減したため19年の数字を使用。以下、コロナの影響がある場合は、その前の年の数字を使用する）。

相続放棄の盲点

ここで、相続放棄の基本を説明しよう。

相続は、（１）すべての財産を相続する「単純承認」、（２）財産の受け取りを放棄する「相続放棄」、（３）故人に借金がある時、相続人が受け取った財産額の範囲内で借金を受け継ぐ「限定承認」の３つに分かれている。

相続制度では、相続人が単純承認することが基本となり、相続放棄と限定承認を行う場合は、相続開始を知った時から３カ月以内に裁判所に申述する。限定承認は相続人全員が共同して行うが、相続放棄は個々の相続人が行うことができる。相続放棄した場合は、次の順位の相続人に放棄した旨を伝える必要がある。

相続放棄では、思わぬ事態を招くこともある。

大阪市在住の50代後半の男性サラリーマンが、大阪国税局で資産課税部門を歩んだ片山敏彦税理士を訪れた。

男性の相談は妹に関わるものだった。妹は結婚して子供を産んだが、夫のＤＶが原因で離婚し、不幸にして数年後に亡くなった。妹の子供は前夫が引き取り、男性も男性の両親も前夫とその子供との付き合いはなくなった。しかし5年前に男性の父親が亡くなった時、妹の前夫が遺産を要求してきた。

父親の本来の相続人は、母親（配偶者）、子供である男性と妹の計3人だが、妹は亡くなっているため妹の子供が代襲相続人となる。

片山税理士が話す。

「甥（妹の子供）には相続権があるため拒否することはできません。男性は母親と相談して、法定分ではなく、父親の財産を甥にすべて渡す代わりに、将来、母親が亡くなった時は相続放棄すると一筆書いてもらいました。それで縁が切れると考えたのです」

しかし一筆書いたにもかかわらず、４年後に母親が亡くなった時に前夫は再び財産分与を要求してきた。

相続放棄は民法９１５条で、「相続の開始があったことを知った時から３カ月以内」に放棄しなければならないと定められている。

相続放棄に関しては死後３カ月過ぎるとできなくなることばかり強調されるが、逆に、相続の開始前も放棄できないのだ。

「事前に一筆書いても法的効力はないのです。母親と男性は知りませんでしたが、妹の前夫は知っていたのでしょう」（片山税理士）

母親と男性は妹の前夫に一筆書いてもらう時に税理士に相談していた。この税理士が相続放棄の基本を知らなかったことにも問題がある。

片山税理士はこう話す。

「相続制度は複雑であり、制度を理解して利用できる人が得をして、知らない人は損をします。一番失敗するのは生半可な知識で対応した時です」

また、３つ目の限定承認は相続人全員の合意が必要となり、手続きが複雑なため選択する相続人は多くないという。

「限定承認は、たとえば不動産を売却し、借金を払って残りを相続するものですが、不動産は時価売却したものと考えて税金がかかり、手続きも煩雑です。

ある相続案件で、他の相続人は相続放棄しましたが、1人だけ土地が高く売れると思って仕組みをよく理解しないまま限定承認しました。しかし手間だけかかって何も残りませんでした」（片山税理士）

なお、相続財産の調査が3カ月以内に終わらないなど理由がある時は、家庭裁判所に申し立てて期間を延長できる。通常は1〜3カ月延長され、再延長できる可能性もある。

延長の申し立ては、相続人を含む利害関係人と検察官ができる。利害関係人とは、故人や相続人の債権者、遺言により財産を受け取る受遺者なども含まれる。期間の延長は他の相続人には及ばない。

建築基準法により売れなくなった土地

相続の時、不動産を巡るトラブルは数多く起きる。相続に関わる不動産のコンサルティングを行っているプロサーチの松尾企晴社長はこう話す。

「相続税の申告を担当する税理士から相談が来て、売却を手掛けることが多いのですが、売却理由の1つは『納税資金の捻出』です。相続財産の大半が不動産のため納税資金の捻出に苦労する人が増えています。また、自分が家を所有しているため親の不動産は売りたいという人も少なくありません」

相続人が動きはじめるのは故人の四十九日を終えてしばらく経った頃で、申告期限（死後10カ月）まで半年程度の時間しかないことが多い。

「多くの人は『不動産は簡単に売れる』と思っていますが、買い手のつく住宅地でも売却して入金されるまでに3、4カ月はかかります。できるだけ高く売るためには複数の不動産会社から見積もりを取るべきですが、時間切れになってしまう人が多いのです」（松尾社長）

松尾社長が受ける相談のもう1つは「トラブル」だ。

相続した後、土地を売ろうとして初めて「売れない」と分かることがある。

東京・国立駅から徒歩15分のところに地主の男性が住んでいた。

敷地には自宅の他、賃貸マンション、借地権を設定して建てられた戸建て数棟、時間貸

し駐車場、更地があった。
男性が10年前に80代で亡くなった時、相続人の妻と長男は納税資金を捻出するために更地部分を売却した。
問題は、次に母親が亡くなった時に判明した。相続人の長男は納税資金を捻出するために土地の一部を再び売ろうとしたが、売れないことが分かった。

問題になったのは、建物は、建築基準法が定める「道路」に接していなければ建てることができないという規定だった。

一見して区別は付きにくいが、法律上、道路には「道路」または「2項道路」（みなし道路）、そして道路ではない「私道」がある。

「10年前に父親が亡くなった時に更地部分を売った結果、自宅や戸建て群は法律上の道路に接しなくなり、建て替え出来なくなっていたのです。自宅前の道路は車も通れますが、私道。10年前に分かっていれば売り方を工夫できましたが、手遅れでした。自宅も戸建ても古く、建て替え出来なければ不動産評価は極端に下がります」（松尾社長）

長男は10年前に売却した更地を買い戻す選択肢もあったが、現金がなかった。売却を諦め、20年かけて相続税を分割納税（延納）することになった。

この先何年も売れない住宅密集地区

住宅密集地区では道路の幅が狭いということが問題になる。

建築基準法上の道路は、原則として幅4メートル以上あることが必要とされている。しかし住宅密集地区では道路の幅がそれに満たないところが多い。そこで幅4メートル未満でも、建築基準法上の道路と見なすことができる救済措置が採られている。これを「みなし道路」、または建築基準法42条2項で定められているため「2項道路」と呼ぶ。

この2項道路に接して新たに家を建てる時は、道路の中心線から2メートルの幅を設けることが義務付けられている。2メートルの幅を設けるために、旧家屋よりも奥にずらして建てることを「セットバック」というが、その分だけ建物が小さくなるため、2項道路に接した土地は価値が下がる。

住宅密集地区ではこの問題に頭を悩ませている人が少なくないという。

東京在住の女性（50代）の父親は、都内の住宅密集地区に建てた一軒家で長年1人暮らしをしていた。10数坪の土地の上に建てた家は築50年を過ぎていた。

父親が亡くなった時、女性は家を相続し、落ち着けば売却するつもりだった。家に価値はないが、相場を調べると土地だけで1000万円以上の価値があることが分かった。しかし、数カ月後に不動産業者に相談して現地を見てもらうと、売るに売れないことが分かった。

父親の家の玄関は私道に面し、家の背後は2項道路だった。この土地を買う人は、背後の2項道路の側に玄関を作らなければ家を新築することができない。しかし2項道路は狭く、新築する時には幅2メートルを確保するために大幅なセットバックが必要となる。家の並びなど周辺の状況も考えれば、そこまでしてこの土地を購入する人が出てくる可能性は低いと分かったのだ。

「2項道路を所有している地主とも相談しましたが、（状況が整うまで）待つしかない、という話になりました……」（女性）

周辺は、父親の家と同様に私道側に玄関が付いた古い家屋が並んでいる。単独ではなく、隣り合う6、7軒すべてが売却し、一体で再開発する形を取れば売れる。しかし亡くなったのは父親が一番早かった。隣家は80代だが元気な女性が1人で暮らし、逆の隣は所有者の男性が施設に入って空き家になったが、子供たちは男性が亡くなるまで家をそのままにしておく意向と知った。

周辺の家の所有者が子供に代替わりして、全員が売却に同意すれば再開発できる。それまで待つしかないが、何年先のことになるか分からないという。

松尾社長はこう話す。

「建築基準に関わるこうした落とし穴は、皆、売却を考えた時に初めて知るものです。役所の建築指導課へ行けば建て替えの可否は教えてくれるため、古い戸建てに住んでいる人は確認すべきです」

なお、相続税を納める時に相続した不動産を物納することもできるが、相続税の算出基準となる路線価で評価される。売却した時（時価）に比べて路線価は低いため、物納すれば相続税の負担が高くなる。

「ただし地価が下げている時は路線価よりも地価が低くなることがあり、物納するほうが得になります。一般の住宅ではそこまで地価は下がりませんが、マンションや土地など投資対象の不動産は、金融マーケットの状況で地価が大きく下がることがあります。物納は条件が厳しいのですが、売却する手間が省けることもあり、考える人は少なくありません」（松尾社長）

新設された「配偶者居住権」の問題

民法で定められている相続制度は２０１８年７月に改正され、新設された制度は２０１９年１月以降、順次施行されている。１９８０年以来、40年ぶりの大改正となった。そのなかの１つとして２０２０年４月に施行されたのが、配偶者がそれまで住んでいた家に無償で住める「配偶者居住権」である。

配偶者居住権は、法定通りに財産を分配した時、配偶者が家を売らざるを得なくなることを防ぐものと説明されている。

たとえば父親の財産が自宅２０００万円・預貯金３０００万円の計５０００万円で、相続人が母親と子供１人の時、法定通りに分配すれば母親と子供は半分ずつの２５００万円を相続することになる。この時、母親が自宅を相続すれば預貯金は５００万円しか相続できない。住む家は確保できても、これでは生活費が不安になる。

配偶者居住権は、自宅2000万円のうち、母親が1000万円の居住権を得てそのまま住み続け、子供は残り1000万円分の所有権（負担付き所有権）を相続する制度である。配偶者居住権を利用すれば、母親と子供は預貯金を1500万円ずつ相続できる（配偶者居住権の評価額は建物の状況、配偶者の年齢などを勘案して決められる）。

しかし、秋山税理士はこの制度に疑問を呈す。

「母親が長年住んだ家に住み続けたいと思えば、普通は、子供たちが『相続して住んで』と言うものです。配偶者居住権は、こうした合意ができない時に利用されることになると思いますが、母親の住み心地はいいでしょうか？　円満に解決できない時の権利として機能するのかどうか……」

一方で「節税に使える」という声がある。

配偶者居住権は配偶者が亡くなった時に消滅する。前述の例では、母親が亡くなった時に母親が持つ1000万円の配偶者居住権が消滅するため、子供はその分を非課税で相続できることになる。そのため、敢えて配偶者居住権を設定する提案が行われているという。

ベテラン税理士はこう話す。

「現状では節税できると解釈されていますが、今後、節税策として広まれば、国税庁が制

配偶者居住権

（例）夫が自宅（評価額2000万円）と預貯金3000万円の計5000万円を遺して亡くなり、相続人が妻と長男の場合

●従前

法定相続（この場合は妻と長男が半分ずつ）を前提として、妻が自宅を相続する時は、妻は預貯金は500万円しか相続できず、長男が預貯金2500万円を相続することになる。

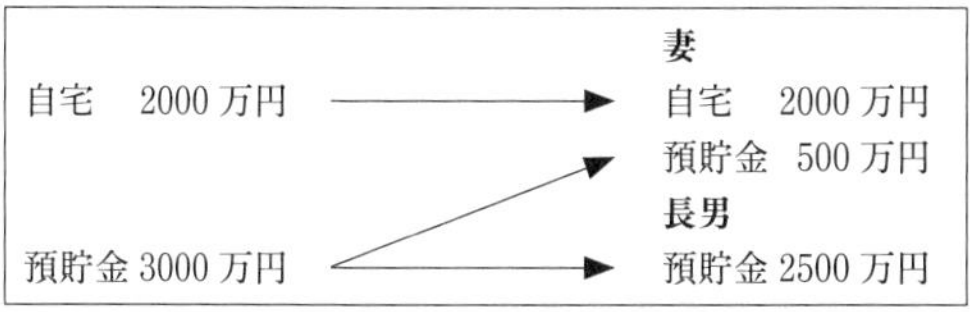

●配偶者居住権

法定相続（この場合は妻と長男が半分ずつ）を前提とすれば、妻は配偶者居住権（1000万円）と預貯金1500万円を相続し、長男は負担付き所有権（1000万円）と預貯金1500万円を相続することになる。

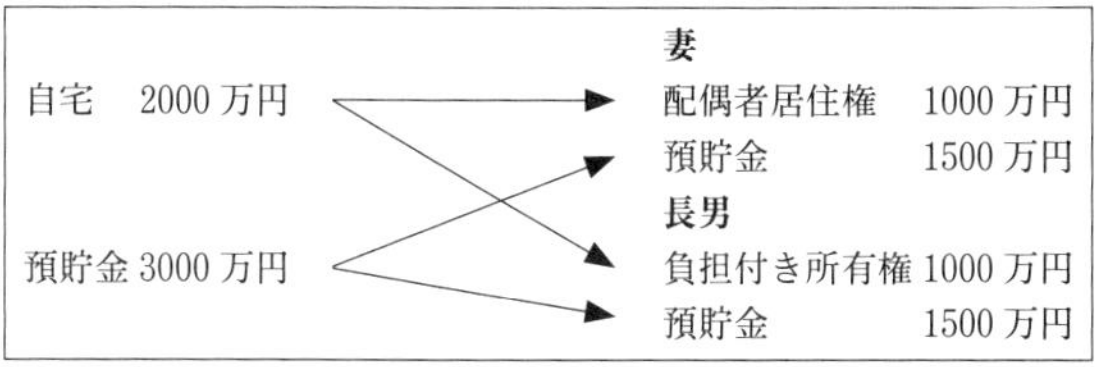

※配偶者居住権の価額は、建物の築年数、耐用年数、平均余命などを用いて算出される。

（法務省）

度を改正したり通達を出したりして、節税を封じてくる可能性は高いでしょう」

配偶者居住権ができた背景は興味深い。

戦後の１９４７年に新民法が制定されるまで、日本の相続制度は長男がすべての財産を相続する「家督相続」が基本となり、配偶者も他の子供達も財産を相続することはできなかった。

新民法で初めて配偶者が相続できるようになり、子供の相続権は平等になったが、配偶者の法定相続分は3分の1と低く抑えられ、１９８０年の改正で2分の1に引き上げられた（相続人が配偶者と子供の場合）。

「今回の改正では、妻（配偶者）の法定相続分を3分の2に引き上げる、あるいは、1次相続と2次相続で二重に課税される問題を解消するために、1次相続では妻（配偶者）がすべて非課税で相続するという案が出ました。しかし、家父長制を前提とした伝統的家族観にこだわる人たちが反対したため、折り合ってできたのが配偶者居住権だったのです」（ベテラン税理士）

1次相続と2次相続、名義預金、相続放棄、不動産、配偶者居住権……ここで挙げたのは一例であり、相続が起きた時に検討すべきことは数多くある。そして至るところに「落とし穴」があり、思わぬトラブルが生じる。相続制度は複雑なためすべてを理解することは難しいが、落とし穴が多いことは記憶に留めておくべきだろう。

相続税の計算方法

(例) 父親の遺産１億円（現金）を長男と次男が5000万円ずつ相続する場合

(1) 相続人各人が相続する財産の合計額を算出

長男5000万円＋次男5000万円＝１億円

(2) 合計額から基礎控除額を引いて、課税される遺産総額を算出

１億円－基礎控除額｛3000万円＋法定相続人（２人）×600万円＝4200万円｝＝5800万円

(3) 課税遺産総額を、相続人が法定相続したものとして相続人各人の取得金額を算出

長男＝法定相続分（２分の１）2900万円
次男＝法定相続分（２分の１）2900万円

(4) 法定相続したとして各人の税額を出し、それを合計して相続税の総額を算出

長男＝2900万円×税率（15%）＝435万円
次男＝2900万円×税率（15%）＝435万円

長男435万円＋次男435万円＝相続税の総額870万円

(5) 相続税総額を相続人各人が取得した財産に応じて割り振り、各人の相続税額を算出

長男＝２分の１＝435万円
次男＝２分の１＝435万円

(6) 各人の相続税額から控除額を差し引いて、納付額を算出

長男435万円－控除額50万円＝納付額385万円
次男435万円－控除額50万円＝納付額385万円

（国税庁）

第2章　事前の「家族対策」

相続争いは起きるもの。それを回避するために事前に対策を講じることが重要だ。

相続に向けた事前の対策は、将来の相続税を減らす「税対策」と、将来の相続争いが起きることを回避するための「家族対策」がある。多くの人は「税対策」に関心が向かいがちだが、相続税に詳しい税理士たちは「家族対策のほうが重要」と口を揃える。税対策を怠ってもお金で解決できるが、家族の問題はお金では解決できず、問題が起きた時には手遅れである場合が多いからだ。

遺言書を見て長女の怒りが爆発

相続税の課税ラインが引き下げられ課税対象者が拡がったことで、相続税への関心が高まり、生前贈与などの税対策に着手する人が増えてきた。しかし相続に精通する国税ＯＢの税理士たちは、「家族対策が重要」と口を揃える。

片山敏彦税理士はこう強調する。

「『家族対策』の必要性に気づいている人はまだ少ない。親は、自分が亡くなった後に子供たちが揉めることを想像できないからです。しかし親に財産があれば、子供たちは争うもの。財産がある人は、元気なうちに子供たちと話し合うことを勧めます」

相続が発生した時に相続争いが起きると解決は大変難しい。片山税理士は、「相続の成否は、生前の対策で8割決まります」と強調する。

秋山清成税理士はこう強調する。

「長年見てきて、相続は『感情』に影響されると断言できます。『兄貴は何かとヒイキされてきた』と弟が密かに思っていたり、『両親は妹ばかり可愛がった』と兄が思っていたり。相続の話になった途端、積年の恨みつらみが沸き上がり、譲れなくなる。そのため、相続は法定通りにも理屈通りにも進まないのです」

相続を原因として、長年一緒に住んできた母親と娘が決裂することもある。

70代後半の両親が住む都内の持ち家に、離婚した40代後半の長女が子供1人を連れて帰り、一緒に暮らしていた。

2年前に父親が死亡。その時初めて、父親が自筆の遺言書を遺していたことが分かった。

遺言書は、母親と長女に宛てて「財産はすべて妻に渡す」と書かれ、「付言」として、長女に向けて「母さんの面倒を頼む」と添えられていた。

しかしこの遺言書には押印が無かった。

遺言書の「付言」とは、故人が家族に対する気持ちなどを書いたもの。法的効力はないが、相続人が付言を読んで故人の思いを汲み取り、相続を円滑に進めるために有効とされている。

父親が書いたこの付言は、母娘が仲良く暮らし、母親を看取って欲しいと長女に託した内容で、ごく自然な気持ちが表れている。

しかし逆効果だった。遺言書を見た長女は財産がもらえないことを知って怒り、押印がないことに気づいて「無効だ」と騒ぎ出したのだ。

長女が離婚して実家に戻る時、父親は多額の金銭援助を行った。付言にもそのことが書かれていたが、長女は「援助してもらったことはない！」と言い出す始末だった。

この相続を担当した杉江延雄税理士が振り返る。

「母親が亡くなれば長女が財産をすべて相続できる。母親は高齢でそれほど先のことではありませんが、長女は待てませんでした。父親の財産を当てにして、父親が亡くなる前から計画を立てていたようです。そして『私は父親の面倒を看た』と都合よく考えていました」

母と娘は話し合いを続けても埒《らち》が明かず、母親はとうとうノイローゼになったが、長女は構わず裁判に訴えた。

「その結果、長女が家を出ることを条件に、母親が長女に２０００万円渡すことで決着しました。長女が法定相続で得るよりも多い金額です。母親が相続した大半は父親の持ち家だったため現金が足りず、生命保険を解約し、貯金を切り崩して工面せざるを得ませんでした」（同）

なお、この父親の遺言書に押印がなかったように、自分で書いて保管しておく自筆証書遺言は、他にも「日付が間違っている」などの不備を原因として無効になることが多い。

「しかし……」と杉江税理士が続ける。

「この母親と長女は、遺言書が有効であっても揉めたでしょう。長女が父親の財産を当てにしている限り、事前に対策を採っていなければ、母親にできることは何もありません」

それでも親子の争いはまだマシだという。

「子供同士の争いはもっと激しくなる場合が少なくありません。親が生きている時は兄弟姉妹が仲良くできていても、親が亡くなった途端に重しがなくなり、子供たちが勝手なことを言い出すからです。親と離れて暮らす人が増え、親とも兄弟姉妹の間でもコミュニケ

ーションが減っていることが、争いが増える一因だと思います」（杉江税理士）

相続人の夫や妻が口を出す

加えて、相続に詳しい税理士は、相続は「相続人だけの問題で終わらない」と口を揃える。相続人にはそれぞれ妻（夫）や子供がいる。相続人同士で話し合っている時に、妻（夫）や子供が口を挟んできてこじれることは珍しくない。

東京・渋谷区に住む80代の母親が２０１９年に亡くなった。地価高騰の中、自宅の評価額は１億２０００万円まで上がっていた一方で、預貯金は５００万円ほどしかなかった。相続人は長男・次男・母親と同居していた長女の３人。母親の相続財産は１億２５００万円になるため、子供３人が法定通り均等に相続すれば１人約４２００万円になる。長女は母親と住んでいた自宅に愛着があり、自宅を相続して住み続けることを希望した。

相続人３人は、阿保秋声税理士の事務所に集まって話し合いをはじめた。

長女は自宅を相続するために、３人分の相続税約７００万円を負担することを前提に、兄２人にそれぞれ１０００万円支払うことを提案した。

阿保税理士が振り返る。

「兄妹の仲は良く、妹の提案に対して兄２人は笑いながら『そんなもんかなぁ』と半ば了承した感じでした。しかし次に来た時、兄２人に笑顔はなく、法定通り１人４０００万円を要求しました。話し合いを続け、妹は兄２人に支払う金額を上積みしましたが、兄２人は要求額をほとんど下げず、折り合えませんでした。その要求は兄たちの気持ちではなく、それぞれの妻の意向が強かったのです」

妹は、自宅を相続すれば現金は得られず、相続税と兄たちへの支払いで相当な負担になる。しかし相続した後、妹が自宅を売れば１億２０００万円以上が手に入る。負担分を差し引いても１億円近くの現金を手にすることになる。兄２人は「妹が住みたいのなら……」と許容できても、妻たちから見れば納得できる話ではなかった。

結局、話し合いはまとまらないまま相続税の申告期限（死後10カ月）が来たため、妹は諦めて自宅を売ることになった。

相続税を減らせる「特例」

ここで、相続税と不動産の関係を説明しよう。

土地は「一物四価」と言われる通り、4種類の価格がある。（1）実際の売買価格の「時価」、（2）国交省が毎年3月に発表する「公示価格」、（3）国税庁が毎年7月に発表する「路線価」、（4）固定資産税など税金の支払額の基になる「固定資産税評価額」である。

おおまかに言えば、時価と公示価格は同じで、時価の8割が路線価、7割が固定資産税評価額になっている。

相続税を算出する時、土地は、時価の8割程度に設定された「路線価」を用いる。そのため1000万円を預金しておくより、1000万円で不動産を購入すれば財産の評価額を700万〜800万円に下げられるため、相続税を軽減できるメリットがある。

また、相続制度には相続税を軽減できる特例が様々あるが、最大の特例が「小規模宅地等の特例」だ。一定の条件を満たせば、「住んでいる土地」「事業をしている土地」「貸している土地」を相続する時に評価額を最大8割減額できる。

この小規模宅地等の特例ができたのは、高額の相続税によって、家族がそれまで住んでいた土地を手放さざるを得なくなったり、事業を続けられなくなったりすることを防ぐためとされている。

住んでいる土地については、故人と同居していた配偶者や子供がその土地を相続する時は、３３０㎡（１００坪）を限度として、評価額を8割減額できる。

また、故人と同居している相続人がいない時は、賃貸物件に住んでいる相続人に限り、この特例を利用できる（いわゆる「家なき子特例」）。

たとえば父親が1億円の土地を所有し、子供2人が相続する時、相続税は７７０万円になる。特例を利用できれば評価額は２０００万円に減額され、相続税はゼロになる（父親の財産が土地だけだった場合）。

なお、特例を利用する時は、相続税の申告書に特例を利用する旨を記載し、定められた書類を添付する必要がある。

小規模宅地等の特例は条件が厳しく、利用できないケースもある。

中でも家なき子特例は、持ち家に住んでいた相続人が一時的に名義を移して特例を悪用する例が散見されたため、２０１８年度の税制改正で条件が厳しくなった。従来の条件は、相続人は、相続の3年前まで「自己または自己の配偶者」の持ち家に住んだことがないことだった。改正により「3親等内の親族と特別の関係がある法人の持ち家に住んだことがない」「相続の開始時に、住んでいる家屋を過去に所有したことがない」という条件が加わっている。

土地の評価を巡って兄と妹が争うこともある。

東京・中央区の一等地で暮らしていた父親が亡くなった。同居していた50代の長男（兄）はそのまま住み続けることを希望し、もう1人の相続人である長女（妹）には応分の現金を渡そうと考えた。

しかし妹が要求してきた金額は、とても払える額ではなかった……。

兄は「路線価」を基に妹へ渡す金額を考えたが、妹は「時価」を基にした金額を要求して来た。「家を売れば時価の分だけお金が入る。その半分をもらうのが当然」と考えたのだ。

阿保税理士が話す。

「兄が家を相続して小規模宅地等の特例を利用すれば相続税の負担が軽くなるため、兄はそれも加味してできるだけ妹に払おうと考えていました。しかし妹が合意し、遺産分割協議書に押印しなければ特例は利用できません。妹の要求額は１億円を軽く超え、兄は要求額を用意できなかったため家は売らざるを得ませんでした」

都心では地価が上昇しているため時価と路線価が乖離《かいり》する。妹は地価上昇を念頭にしていたと見られ、地価バブルの影響と言えるだろう。

相続人間で揉める最大の原因は不動産

相続は「争続」と表現されるほど争いが起きるものだが、最大の原因は「不動産」である。

両親の家の価値が３０００万円、預貯金が９００万円で相続財産が３９００万円あり、長男・次男・長女の３人が相続人の時、法定通り３等分すれば１人１３００万円を相続することになる。

この時、長男が３０００万円の家の相続を希望すれば、次男と長女は預貯金を半分に分けた４５０万円ずつしか受け取れず、次男と長女は納得できないだろう。一方で、長男が家を相続した上で法定通り分配するためには、長男が自腹で次男と長女に８５０万円ずつ、計１７００万円を払わなければいけない。長男は現金を相続することができないため支払いは重い負担になり、今度は長男が不満を抱くかもしれない。

相続争いの最大の原因が不動産であるのは、現金と異なり、分割することが難しいためだ。

しかも不動産が絡めば、財産分配の方法によって各人の相続税額に差が出る可能性がある。長男が親と同居していれば、特例を利用して相続税を下げられる一方、長男が次男と長女に現金を渡せば、贈与となって次男と長女に贈与税が課せられる可能性が出てくる。

揉めはじめれば、こうした細かいことまで争点になるという。

「親の不動産を誰が継ぐかは、事前に話し合っておくべきことです」

阿保税理士はこう強調する。

以下、不動産等の相続を巡る様々なケースを紹介する。

東京・練馬区の賃貸マンションに住む30代の独身女性。両親は埼玉県郊外の持ち家に住

み、サラリーマンの弟は妻と子供と3人で都内の賃貸マンションで暮らしている。女性は弟との関係が悪く、ほとんど交流がない。

2019年の年明けに女性が実家に帰った時、母親が「実家を売って、都内に2世帯住宅を建てて弟夫婦と同居したい」と言い出した。

女性が嘆息する。

「新居を建てるとすれば、古くなった実家を売るだけでは足りず、両親の貯金も使うことになる。そうなれば私には帰る実家がなくなるだけではなく、相続できる財産も少なくなってしまいます。母親は小さい頃から弟を可愛がって来ましたが、そこまで考えているなんてショックでした」

しかしこの場合、両親が亡くなって相続する時には弟の負担が大きくなる。

子供は平等に相続する権利がある。

両親の財産が弟のために建てた家だけになった時、家の評価額が8000万円とすれば女性は半分の4000万円を相続する権利がある。弟が家を相続して住み続ければ4000万円を姉に支払うことになり、サラリーマンの弟が簡単に用意できる額ではない。

もちろん、姉弟の仲が悪く、母親が弟との同居話を勝手に進めていることに不快な思いをしている女性が、４０００万円の額を引き下げることはあり得ない。実際、女性に聞くと「絶対に譲らない」と今から息巻いている。

都内に住む40代の女性は、夫と2人暮らし。結婚して子供が2人いるサラリーマンの弟がいる。

女性は投資家として成功し、1億円を超える資産ができた。ある時、父親が女性の資産の額を知り、遺言書に「財産はすべて弟に渡す」と書いた。

女性が話す。

「父親の財産が弟に渡ることは仕方ないかもしれませんが、父親が一言の相談もなく遺言書を作成したのはショックでした。金額の問題ではありません。父親が亡くなった時は、遺留分ぐらいはもらおうと思っています」

遺留分とは、法定相続人は、遺言書で財産の受け取り人から外されても一定の財産をもらえる権利のこと。

阿保税理士はこう話す。

「親は、生前に特定の子供と相続の話を進めてはいけません。他の子供が納得していなければ、必ずあとで揉めます。遺言書に書き残しても揉めます」

50代半ばの男性サラリーマンは、埼玉県にある妻の実家の敷地に新たに家を建てて住んでいる。実家と敷地は父親が所有し、新たに建てた家は男性が所有している。

男性の妻には、弟が2人、妹が1人いる。3人とも結婚して子供もいて、妻の実家近くの賃貸マンションで暮らしている。

男性は義父母とも義弟妹とも仲が良く、義弟妹の家族も来て実家で一緒に夕食を食べることも多い。

男性はこれまで相続のことを考えたことはなく、揉めるとも思っていないが……。

しかし親子・兄弟の仲が良くても、義父母が亡くなった時、子供4人が円満に相続することは大変難しい。

男性が所有する家の敷地部分を妻が相続できれば、男性夫婦だけは落ち着く。しかし、義父母の実家は他の弟妹３人のうち１人しか相続できない。残り２人はそれに見合った額の預貯金等を相続できない限り、納得しない可能性がある。

実家を売ったお金を弟妹３人が分けた時は、分配額よりも、妻が相続する敷地部分の価値のほうが高くなる恐れがあり、弟妹３人全員が納得するのは難しいかもしれない。しかも実家を売ってしまえば男性の家は大変窮屈になる。

実家を売らずに３人の弟妹が共有で相続することもできるが、不動産の共有はリスクが大変高い。

相続不動産のコンサルティングを手掛けるプロサーチの松尾企晴社長はこう警告する。

「不動産の共有相続は兄弟姉妹であっても勧めません。将来、誰か１人がお金に窮した時に他の共有者が持ち分を買い取ることができればいいのですが、できなければ第三者に持ち分が売却されてしまいます。そうなれば第三者が入り込み、第三者が法外な要求をしてくる可能性があります」

本来、共有持ち分だけでは利用価値がなく、第三者への売却は難しい。しかしインターネットで検索すれば、「共有不動産の持ち分を買い取ります」という宣伝が溢れている。不動産業者は、共有持ち分を買い取れば利益が出ると分かっているのだ。

東京・世田谷区在住の男性が亡くなった後、３人の息子が自宅を共有で相続し、長男夫婦が住んでいた。相続して何年も過ぎた時、次男が「持ち分を売りたい」と言い出した。次男は事業に失敗して金回りが悪くなり、お金が必要な状況に追い込まれていた。

次男の持ち分だけでも数千万円の価値がある。老後資金の確保を考えれば、長男夫婦は買い取ることはできなかった。

長男夫婦は松尾社長のところに相談に来た。

「共有者が持ち分を売る時は、どうしても売りたい場合が多く、共有物件買い取りを掲げている業者は買い叩けるのです。そして他の共有者に買い取りを求めます。１０００万円の価値がある時、２００万～３００万円で買い叩いて、他の共有者に６００万～７００万円で売れれば数百万円の利益が出ます。他の共有者が買い取りに応じなければ様々なトラブルが起きることもあります」（松尾社長）

長男夫婦は松尾社長に相談した後、高齢になれば戸建ての管理が大変になることも考慮し、売却してマンションへ移った。

「長男夫婦たちが相続する時、税理士は『兄弟の仲はいいですよね？』と聞いて共有相続を勧めたようでした。しかし仲が良くても共有は勧めません。私は、共有相続を検討している相続人がいれば、まず、『売却してはダメなのですか？』と聞きます」（松尾社長）

金融機関に勤める50代の男性は、20年前に神奈川県の実家を弟と2人で共有相続した。その後、先に結婚した弟が実家を建て替えて妻と子供2人で住みはじめた。実家は男性も共有しているため、男性が弟に地代の支払いを求めることができる。弟も建て替える時は「払う」と言っていたが、なし崩しになった。独身だった男性は、子供2人を抱える弟に要求しなかった。

その後男性も30代後半で結婚して子供が生まれ、妻のすすめで都内のマンションを購入したため、以前ほど余裕はなくなった。一方の弟は、敷地の一部を時間貸し駐車場にして収入を得るようになった。

「弟は駐車場の利益さえ、私に払おうとしないんですよね……」

男性の不満は高まっている。

争いを避けるために家を生前贈与する

「特定の子供に家を譲りたい時は、家を生前贈与するしかありません」

実家の相続について、秋山税理士はこう話す。

将来の相続税を減らすために子供に現金を生前贈与する親が増えてきた。不動産も生前贈与できるが、現金と同様に不動産の贈与も贈与税がかかる。

たとえば父親が評価額３０００万円の持ち家を長男に生前贈与すれば、贈与税に不動産取得税を加えて約１３００万円かかり、受贈した長男が払うことになる。

３０００万円の実家を手に入れるために１３００万円払うのは大変高く感じるだろう。しかも相続まで待てば、預貯金など他の財産が少なければ相続税ゼロで相続できる可能性もある。

しかし、秋山税理士はこう強調する。

「生前贈与すれば家の所有権が確実に長男に移り、将来、兄弟で共有して家を相続したり、売却に追い込まれたりすることがなくなります。家の相続で揉める可能性があれば、長男は、贈与税を払ってでも３０００万円の家を手に入れることを考えるべきです。もちろん他の兄弟の同意は必要ですが、事前に話し合うほうが同意を得られる可能性は高くなります」

　贈与税の負担が重ければ、何年かに分割して贈与し、贈与税を下げることもできる。３０００万円の家を一括贈与すれば贈与税等は１３００万円かかるが、７年間に分割すれば負担は３分の１の約４００万円まで減らすことができる（秋山税理士の試算より）。

「様々な家族の相続を見てきて、贈与税の支払いで損するとしても、家を生前贈与したほうがいい時があることを知りました。家族の事情はそれぞれ異なるため、必要なことは、その見極めです」（秋山税理士）

財産が少ないほど揉める

資産家の相続争いはテレビドラマの定番だが、現実は、財産の少ない家族が相続争いを起こしがちだ。

　全国の家庭裁判所に申し立てられた遺産分割事件を遺産額別に見ると、遺産１０００万円以下が35％、１０００万円超〜５０００万円以下が43％を占める。遺産５０００万円超〜１億円以下は11％、１億円を超えるものは７％しかない（２０２０年）。

父親が亡くなり、相続人が母親と子供2人の計3人だった時、父親の財産が4800万円未満であれば相続税はかからない。相続争いの8割は、相続税のかからない財産の額で起きていることが分かる。

遺産分割事件を扱っているある弁護士は、「300万円の財産を巡って兄弟3人が裁判になることもある。裁判費用を考えれば何も残りませんが、お互いに譲れなくなるのです」と話す。

ちなみに2008年の遺産分割事件は1万202件だが、近年は2018年＝1万3040件、19年＝1万2785件、20年＝1万1303件となり、相続争い自体が増えている可能性がある。

秋山税理士はこう話す。

「財産のある家族があまり揉めないのは、生前に、税対策とともに家族対策を行っている場合が多いからです。一方で、相続財産が課税ライン以下の人は『ウチは財産がないから心配する必要がない』と考えがちで、対策に着手しません。

税理士が関わるのは相続税がかかる人が大半ですが、財産が数千万円の家族が一番揉めている印象です。『心配ない』と考えている家族ほど揉めるため、税対策は必要なくても、家族対策はしなければいけません」

存在を知らなかった親族が相続人に

相続制度は複雑なため制度のすべてを知ることは難しく、相続対策に着手する時は専門家に確認したほうがいい。

それでも、自分でもある程度知っておく必要がある。最低限、民法が定める「相続順位」は知っておくべきだろう。

夫が亡くなった時、妻（配偶者）は常に相続人だが、他の相続人には「順位」がついている。

第1位は「子供」、第2位は「両親（直系尊属）」、第3位は「兄弟姉妹」で、子供がいなければ親が、親がいなければ兄弟姉妹が相続人になると定められている。

また、子供が先に亡くなっていれば孫が「代襲相続人」となり、子供と同様の相続権が得られる。孫が亡くなっていれば玄孫……と直系卑属が続く。兄弟姉妹が亡くなっていればその子供が代襲相続人となるが、こちらの代襲相続は1代に限られている。

相続人の状況によって法定の分配割合も異なる。

相続の順位

民法では、相続の順位が定められている（887条、889条、890条）。

配偶者は常に相続人だが、その他は順位が付けられている。第1順位は「子供」で、第1順位がいなければ、第2順位の「直系尊属」（父母・祖父母）が相続人となり、第2順位がいなければ、第3順位の「兄弟姉妹」が相続人となる。

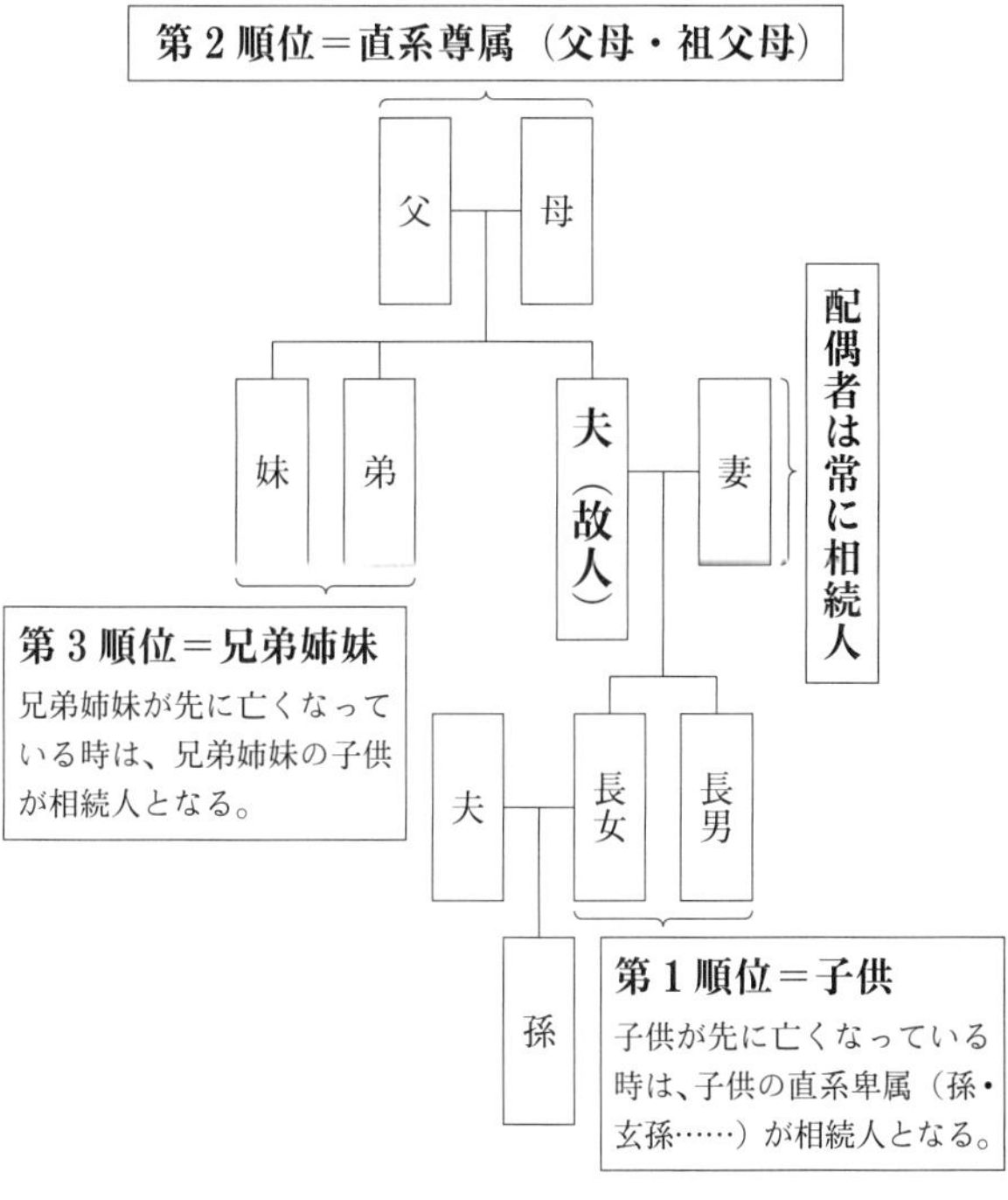

相続人が配偶者と子供の場合は配偶者が2分の1、子供達が2分の1。配偶者と親の場合は配偶者が3分の2、親が3分の1。配偶者と兄弟姉妹の場合は配偶者が4分の3、兄弟姉妹が4分の1を相続する。

この相続順位により、存在も知らなかった人間が相続人として突然現れることがある。

80代の夫が亡くなり、妻が残された。夫妻に子供はいなかった。妻は、夫に異母弟がいることを知っていたため、夫の財産のいくばくかは異母弟に渡ることになると思ったが……。

夫の父親は離婚後、再婚した。夫は最初の妻の子供で、弟は後妻の子供だった。夫は弟と交流がほとんどなく、妻は義弟に会ったこともなかった。

妻が調べると、義弟は亡くなっていたが子供が2人いることを初めて知った。

義弟に子供がいれば代襲相続人となり、夫の財産を相続する権利がある。法定相続では妻は夫の財産の4分の3、義弟の子供2人が4分の1を相続する。夫の財産は8000万

法定相続による遺産分割の割合

民法では、「法定相続分」として相続の分割割合が定められている（900条）。

ただし、故人が遺言を遺して分割を指定したり（902条）、相続人間の合意により分割することもできる（907条）。

(1) 相続人が配偶者と子供

配偶者＝2分の1、子供＝2分の1
（子供が2人以上の時は全員で2分の1）

(2) 相続人が配偶者と直系尊属（父母や祖父母）

配偶者＝3分の2、直系尊属＝3分の1
（直系尊属が2人以上の時は全員で3分の1）

(3) 相続人が配偶者と兄弟姉妹

配偶者＝4分の3、兄弟姉妹＝4分の1
（兄弟姉妹が2人以上の時は全員で4分の1）

※子供・直系尊属・兄弟姉妹が2人以上いる時は、均等に分割する。

円に上り、妻から見れば、存在も知らなかった2人が2000万円を相続することになったのだ。

この2人がまだ子供だったり若者だったりすれば、妻は、財産が渡ることにまだ前向きになれたが、2人とも50歳を超えていたのである。

片山税理士が振り返る。

「妻は義弟に子供がいることも知りませんでしたし、代襲相続の制度のことも知りませんでした。夫婦2人で築いてきた財産が、存在も知らなかった人間に渡ることに、やり切れない様子でした」

「遺留分」というやっかいな制度

この夫妻の場合、夫が「財産はすべて妻に渡す」と遺言書に書いておけば、見知らぬ人たちに財産が渡ることはなかった。

法定通りの相続を望まない場合、遺言書を書いて財産の分配を指定できる。

しかし相続人のうち、配偶者・子供・親の3者には、遺言書で財産分配の対象から外されたとしても、一定の財産分与を請求できる「遺留分」という権利がある。

遺留分の制度が出来たのは、夫が妻に財産を遺さなければ妻の生活が立ち行かなくなるなど、相続人の生活に配慮したためだという。

遺言書を書く時、遺留分はやっかいな制度である。

「遺言書の内容は自由に決めることができますが、『財産をすべて長男に渡す』と書いたとしても、遺留分のある次男など相続人が他にいる場合は、後から財産の分配を要求されることがあります。そのため、遺言書を書く時は遺留分を考慮しなければいけません。

遺留分は原則として法定分の半分ですが実際は話し合いになることが多く、訴訟になることも少なくありません」（片山税理士）

ただし、兄弟姉妹には遺留分の権利はない。そのため前項の夫妻の場合は、夫が遺言書を残しておけば、異母弟の子供が相続人として現れることはなかったのだ。

問題は、夫妻が代襲相続の制度を知らなかったことだが、一般に知られている制度ではないだろう。

相続順位を巡るこうした話は決して他人事ではない。

「少子高齢化、ライフスタイルの多様化が進み、子供がいなかったり子供が先に亡くなったりするケースが増えています。兄弟が先に亡くなり、甥や姪が代襲相続人になることもある。離婚も増え、高齢になって再婚する人も少なくありません。
相続人が増えれば相続の前提が崩れます。相続人が誰かを把握しておくことはとても大切です」（片山税理士）

男性より寿命が長く、最後は１人になる可能性の高い女性は留意すべき点がある。

「相続人がいない時は、本人が遺言書を書いて指定しない限り、財産は国庫へ納められてしまいます。寄付でもいいし、お世話になった人に渡すのでもいいし、身寄りのない方は早めに遺言書を書いておくべきです」（同）

ちなみに２０１９年に亡くなり、相続税が申告された故人（被相続人）のうち、法定相続人がいなかったのは６７５人に上る。

意外に多い隠し子の存在

今の70～80代の男性は隠し子がいるケースが意外に多く、相続税を手がける税理士はほぼ例外なく隠し子の問題を経験しているという。

杉江税理士にも経験がある。

父親を亡くした男性が杉江税理士に相談に来た。
男性は自分が父親の後妻の子であることは知っていたが、父親が亡くなった時に戸籍を見て初めて、父親と先妻の間に子供（異母兄）がいることを知った。
父親の財産は、評価額２５００万円の自宅と５００万円の預貯金で計３０００万円。相続人となる男性と異母兄が法定通り相続する時は、それぞれ１５００万円になる。しかし男性は自宅を相続するつもりだったため、異母兄が法定通りの相続を要求してくれば、父親の預貯金５００万円をすべて渡した上に、さらに１０００万円の現金の用意を迫られる。

隠し子がいる時は、住んでいるところを探すのも苦労する。故人の戸籍を見れば隠し子の存在は確認できるが、戸籍上の住所に住んでいることは稀で、何回も引っ越して住所がたどれなくなっているケースも少なくない。

幸い、この時は戸籍上の住所に住んでいたためすぐに連絡を取ることができた。

男性は杉江税理士立ち会いのもと、初めて異母兄と面会した。男性は、父親が今の家を建て替える時に自分も資金を出したことなどを説明した。異母兄は「（父親の）面倒を看てくれていたのだし」と理解を示し、現金２００万円の分配で合意できた。

杉江税理士が振り返る。

「先妻の子は淡々としていて、すぐに合意できてよかった。父親が亡くなる頃は子供も50代、60代になっているので、お互いに淡々としていることが多いのですが……」


隠し子を巡って揉めかけたケースもある。


母親が亡くなった時、長男と次男が杉江税理士に相談に来た。

その数年前に父親が亡くなった時、父親に隠し子が2人いることを知った母親が気絶寸前になり、隠し子に接触するのさえ嫌がった。相続税はかからなかったため、父親の死を隠し子に知らせず、預貯金を分け、実家の名義は父親のまま母親が住んでいた。

長男も次男も自分で家を建てていたため、母親が亡くなった時に実家は売ることになった。そのために隠し子の同意が必要になった。

次男が代表して、長崎に住む2人の隠し子（姉と弟）に会いに行った。

２人は年配者だった。父親が隠し子を２人作った後、しばらくして母親と結婚して長男と次男が生まれていた。

次男は最初に弟と会った。弟は父親のことを覚えておらず、事情を理解してくれた。しかし「姉が何と言うか分かりませんが……」と付け加えた。姉が生まれてしばらくの間、父親は姉に会っていた。姉には父親の記憶があり、そして父親は自分達を捨てたと思っていた。次男が姉に会って話すと、姉は感情を害して話がこじれるかに思われた。しかし最後には、姉の夫（大学教授）がなだめてくれて数百万円を渡すことで解決できた。姉が強硬に法定相続を要求して来れば困ったことになっていた。

杉江税理士が振り返る。

「こうした時は誠意を示すしかありません。手紙の文面を一緒に考えて事前に送りましたし、次男がわざわざ長崎まで会いに行ったのがよかったと思います」

苦労する遺言書の作成

近年、相続争いを避けるために遺言書の作成がすすめられるようになり、遺言書を遺す人が増えてきたという。

遺言書には、公証人役場で作成する「公正証書遺言」と、自分で書いて保管しておく「自筆証書遺言」がある。後者は押印を忘れていたり、日付を間違えていたりして、要件を満たさず無効になることが意外に多い。

「公証人役場で作成すればこうしたミスは回避できますが、公正証書遺言は作成手数料がかかります。その上、遺言書の内容を変更する人が多く、そのたびに手間と手数料がかかってしまう。

民法が改正され、２０２０年7月10日から自筆証書遺言を法務局が預かってくれることになりました。法務局は、預かる際に様式を確認してくれるため、自分で遺言書を書いた時は法務局へ預けることをすすめます」（杉江税理士）

親が高齢になると遺言書の作成も苦労する。

東京・世田谷区に住む50代後半の男性サラリーマンは、母親が亡くなったのを機に80代の父親に遺言書を書いてもらった。

男性には弟がいて、それぞれ父親所有の土地に家を建てて住んでいる。遺言書は、土地

遺言書の種類と公正証書遺言の作成数

(1) 自筆証書遺言

(1) 全文（内容)、(2) 作成日、(3) 作成者の名前を直筆で書き、捺印して保管しておく。加筆、削除、訂正は厳格な方法で行うことが求められている。費用もかからず簡単に作成できるが、「日付を間違った」「押印がない」等の理由で無効になることがあるほか、紛失、または隠されるリスクもある。自筆証書遺言は、相続人は開封せず、裁判所に検認してもらう必要がある。（民法975条、968条2項、1004条）

(2) 公正証書遺言

公証人が作成する公正証書による遺言。公証人役場へ行って作成を依頼するが、公証人が自宅や病院に来てくれることもある。作成時は証人が2人必要となる。公証人が保管しておくため紛失等のリスクはない。裁判所の検認は不要。公正証書作成のための手数料がかかる。（民法969条）

(3) 秘密証書遺言

作成者が内容を秘密にしておきたい時に使われる。作成者は封をして、本文に捺印したものと同じ印鑑で封印し、公証人が確認した後、封紙に遺言者と証人2人が署名捺印し、遺言者が保管する。（民法970条）

●公正証書遺言の作成件数

2012年	8万8156件
2013年	9万6020件
2014年	10万4490件
2015年	11万　778件
2016年	10万5350件
2017年	11万　191件
2018年	11万　471件
2019年	11万3137件
2020年	9万7700件
2021年	10万6028件

（日本公証人連合会2022年3月）

はそれぞれが相続することと、預貯金については今後金額が変わる可能性があるため「その他財産」として半々で相続するという内容にした。

兄弟の間では以前から合意できていた内容だが、それぞれの妻が口を出してくる可能性がある。将来、父親が兄弟どちらかの家で同居すれば、同居したほうは特例を利用して相続税を大幅に下げられる。それも争いの原因になると考え、父親に遺言書を書いてもらった。

「父親は高齢で文字を書くこともなくなっていたため、1行書くのに30分も40分もかかりました。書き間違えばかりするので、鉛筆でもいいと聞いて、専用のゴムでこすれば消せるボールペンを使ってもらいました」（男性）

作成後、地元の司法書士に見せて間違いがないか確認してもらった。

遺言書は法務局へ預けるつもりだ。

「預かってもらうためには、父親の写真入り身分証が必要だと知りました。父親は免許を10年以上前に返上し、パスポートは更新していないため、顔写真が入っているのはマイナンバーカードしかありません。以前申請したのですが面倒くさがって取りに行っていませ

んでした。今、再申請しているところです」（男性）

親子、兄弟姉妹、親族。今は関係が良く、将来、相続争いが起きることを想像できない人は多いかもしれない。しかし現在の関係がどれだけ良好でも、相続の時に揉めることは珍しくない。しかも、相続は故人と相続人だけではなく、相続人の配偶者など周囲も関わってくる。理屈では説明できない感情の動きが影響するため、やっかいだ。相続争い、またはトラブルは起きるものだと考え、事前にできることは、できるだけ早く着手することが必要だ。

第3章　事前の「税対策」

将来の相続税を減らす税対策は効果が大変大きいが、間違いも多い。

将来の相続税を減らす「税対策」は、１回行うだけで相続税を１０００万円、２０００万円減らすことができる。時間をかければ１０００万円以上減らすことも可能だ。対策の代表は、課税対象となる相続財産を減らすために、親が子供や孫に財産を生前贈与することだが、その他にも生命保険への加入などがある。しかし生前贈与は適正に行うことが案外難しく、大きな失敗を犯すこともある。また人口減により、親の家を相続しても「売れない」という問題が深刻化しており、これも事前の対策が必要だ。

純金の仏具が並ぶ理由

母親とともに都心のデパートに行った40代の女性がこう話す。

「最上階で開かれていた宝飾品販売会を覗くと、２００万、３００万、そして５００万円の仏鈴《おりん》など純金の仏具が並んでいて、一体誰が買うのだろうと不思議に思いました。母親に『相続税の節税になるから』と聞いて驚きました」

普通の人は驚くが、仏具を購入すれば、将来の相続税を減らす「税対策」の１つとなる。

相続税法12条は、〈次に掲げる財産の価額は、相続税の課税価格に算入しない〉として、2項に、〈墓所、霊びょう及び祭具並びにこれらに準ずるもの〉と書かれている。

２項の〈これらに準ずるもの〉には「仏具」も含まれ、所有している仏具は相続税の課税対象外になると解釈されている。現金を持っていれば課税されるが、その現金を仏具に変えれば課税されない。しかも純金製など価値の高い仏具は、相続後に売却して現金に戻すこともできる。こうして高額の仏具が販売されているのだ。

しかし話はそれほど単純ではない。東京国税局の各税務署で資産課税部門を歩んだ武田秀和税理士はこう話す。

「高額の仏具を自宅に置いておくのは無用心だからと言って銀行の貸金庫に預けていれば、それは仏具とは認められず、相続財産として課税されます。それに純金の仏具には加工費や販売費が上乗せされているため、売る時は金の含有量の値段しかつかず、買った時より大幅に下がる可能性が高い」

値段にも限度がある。

「５０００万円をかけて純金製の仏壇を造った話を聞いたことがあります。しかし私が税務署の調査官であれば、裁判になることを覚悟しても絶対に認めません。

仏具が非課税になる金額の基準はないものの、普通のサラリーマンが１０００万円以上の仏壇を置いていれば非課税にはできません。仏具として認められるのはせいぜい５００

万円程度でしょう。５０００万円の仏壇であれば、４５００万円の純金部分は財産として課税します」（秋山清成税理士）

大手デパートのオンライン販売を見ると、「仏飯器」が１１４万円、「花立て」が２７９万円、「線香立て」が３１５万円。「仏鈴」に至っては４９９万円、６４５万円、そして１１９６万円のものまで売られている（税込み）。

不景気になっても価値の変わらない「有事の金」として、または純粋に仏具として購入する人もいるだろう。しかし税対策として高額の仏具を購入して課税された挙げ句、売る時に半額になってしまえば元も子もない。

節税のために生命保険へ加入

生命保険への加入は節税効果が大変大きい。相続人１人につき、生命保険金の受け取りは５００万円まで非課税になるためだ。

父親が子供２人を受け取り人にしてそれぞれ５００万円の生命保険に加入すれば、父親の財産を１０００万円減らすことができる（保険料と保険金が同額として）。

相続税の税率は10%～55%まで８段階に設定されているため、財産を１０００万円減らせば、最低でも、税率10％で相続税を100万円減額できる。実際は、全体の相続財産の額と保険料の総額で変わるが、相続税を200万〜300万円下げることはすぐにできるという。

「夫婦で見ると、夫は生命保険に加入していますが、妻は意外に生命保険に加入していません。私はとくに妻に生命保険の加入をすすめています」（秋山税理士）

だが、この節税策を勘違いする人は意外に多く、中には笑えない話もある。

「先生、節税しました！」

ある時、高齢の資産家男性が阿保秋声税理士に連絡してきた。

聞いてみると、男性は子供2人を受け取り人にして、1人500万円ずつの生命保険を実に7社と契約し、契約金額は7000万円に上っていた。

生命保険の受け取りが非課税になるのは相続人1人につき500万円までだが、この男性は、保険会社1社につき1人500万円まで非課税だと勘違いしていたのだ。

阿保税理士が振り返る。

「男性は、相続税の節税セミナーに行って生命保険での節税を知ったようです。生命保険会社は販売を優先して、こうした契約者に対して税金のことは詳しく説明しない場合が多いと聞きます」

阿保税理士に聞いて、男性は不必要な生命保険をすぐに解約した。

勘違いは他にもある。

「可愛い孫を受け取り人にして生命保険に加入する人もいますが、孫は、代襲相続人か養子でもない限り法定相続人にはならないため、相続税の控除は受けられず、遺贈扱いとなって課税財産になってしまいます」（阿保税理士）

また生命保険は、被保険者・契約者（保険料支払い者）・保険金受取人とそれぞれ分かれていることも注意が必要だ。

「親が被保険者になり、保険料を負担して子供を受け取り人にした場合は控除の対象になります。しかし親が被保険者になっても子供が保険料を支払ってしまうと控除の対象にはなりません。私の実感として、当人だけではなく保険会社などでも勘違いや見落としが増えており、注意が必要です」（岡田俊明税理士）

節税策に加えて、生命保険への加入は、相続人のための納税資金捻出策にもなる。

都内では、地価上昇により不動産にかかる相続税が高くなる人が増えている。現金を多く相続できればいいが、相続財産の大半が不動産の時は納税資金が足りないケースがある。

本人の死亡後すぐに支払われる保険金は、納税資金として活用できるのだ。

死亡後すぐに支払われるため、自分の葬儀代として、保険金数百万円程度の生命保険に加入する人も増えている。昼間のテレビで、高齢の女性が「自分の葬儀代は自分で用意しなきゃね」と話す、保険会社のＣＭが流れるようになった。

最近まで、節税や納税資金捻出のために加入する生命保険としては、一括払いの終身保険が人気だった。たとえば70歳になった時に一括で保険料を支払って、亡くなった時に子供に保険金が支払われるものだ。

しかし、長く続く低金利の下で投資商品として運用益は期待できなくなり、４８０万円を一括で支払って死亡時に５００万円の保険金が出るレベルとなった。日銀がマイナス金利を導入して金利がさらに低下すると、通常よりも運用期間の短いこの種の生命保険は運用益が確保できなくなり、販売停止が相次いだ。現在は、これに代わって外貨建て終身保険の人気が高まっているが、為替リスクなどの説明不足が問題視されている。

親の財産より借金が多いために相続放棄した場合でも、生命保険金は受け取れる。相続放棄は、すべての相続財産の受け取りを放棄するものだが、民法では、生命保険金は相続財産に含まれていないためだ。ただし生命保険金は、相続税法3条で「みなし相続財産」

と定められ、受け取った場合は課税対象となり、相続人１人につき５００万円までは非課税となる。

なお、納税資金が捻出できなかった時について、阿保税理士が話す。

「相続税は分納もできますが、利子税が付くうえに担保提供などの手続きも煩雑です。納税資金が足りない時は銀行に借りる人が多い。また、相続税は連帯納付義務があり、相続人の誰かが払わなければ他の相続人が請求されます。税務署は、取れる人から取るのです」

生前贈与が税務署に否認される時

税対策の代表は「生前贈与」。子供や孫に財産を生前贈与すれば相続財産が減り、節税できる。

ただしお金やモノを贈る贈与は受贈者に贈与税がかかり、贈与額の10%、20%、50%……と税率が累進で上がっていく。贈与税の税率は相続税よりも高いため、単に贈与を続ければ損することになる。

生前贈与が有効になる１つは、受贈者１人につき年間１１０万円までの贈与は非課税になる特例を利用することだ。

親から子に１０００万円を贈与すれば１７７万円の贈与税がかかるが、特例を利用して、年１１０万円の贈与を10年間続ければ、１１００万円を無税で贈与できる。

特例を利用すれば相続税を大きく減らすことができるため、相続税を申告した時、税務署は特例を適切に利用していたか否かを厳しく見る。場合によっては贈与を認めず、故人の財産として課税対象にすることもある。

これに対抗するためには「贈与した」という証拠を残す必要があり、「振り込み記録を残す」「贈与契約書を作成しておく」「特例より10万円多い年１２０万円を贈与し、１万円の贈与税を払って納税記録を残しておく」などが言われている。

大事なことは贈与の「実態」があること。

贈与とは、贈与者と受贈者の合意により、お金やモノが実際に贈られて成立する。贈与されれば、受贈者が管理し、自由に処分できる。

しかし節税を目的とした生前贈与では、実際には贈与せず、税務署への対策のみを弄する人が多いという。

次は典型的な失敗例だ。

関西在住の医師は顧問税理士のアドバイスにしたがって、子供に年120万円を贈与したと申告し、贈与税1万円を毎年納税してきた（課税分の10万円に対する税率10％）。これを10年間続け、計10万円の贈与税の負担で1200万円を贈与した。

しかし子供にお金は渡していなかった。

三菱商事を経て、相続や不動産など個人の資産課税関連を中心としている松浦章彦税理士が解説する。

「〝子供に渡すと使ってしまう〟と考え、贈与したお金を預金口座に入れて親が管理している場合があります。親が管理していれば贈与は認められず、相続税の課税対象になります。預金口座を子供の名義にしていたとしても、親が管理していれば認められません」

毎年コツコツ続けてきた生前贈与が否認され（税務署に認めてもらえないこと）、努力が水泡に帰したケースもある。

中小建設会社の社長は、子供と孫の計5人の名義で銀行口座を開設し、毎年各110万円を振り込んでいた。これを20年近く続け、生前贈与した財産は1億円を超えた。相続財産を1億円移せば、相続税は少なくとも1000万円下げられる。

この贈与は振り込み記録が残り、社長が亡くなった時、子供と孫がそれぞれ通帳と印鑑を持ち、贈与の実態もあるように見えた。

しかし税務署の調査官だった秋山税理士は、これを見破った。

「子供と孫の名義で多額の預金があったため、銀行に調査に入りました。銀行も見落としていましたが、定期預金の継続時に印鑑を押し間違えていたことが分かりました。ある子供の口座の継続時に、別の子供の印鑑を押していたのです。5つの印鑑はフルネームが彫られて実印のように複雑だったため、間違えたのでしょう。これは、社長が5つの印鑑を一括管理していた証拠です。贈与の実態はなかったと判断し、約1億円は故人の財産として課税しました」

秋山税理士は調査官の時、次の話にも遭遇した。

夫が亡くなり、妻が相続した時、妻名義の口座に２０００万円あった。妻に預金の出所を確認すると、「これは私の財産です。20年間、夫から毎年１１０万円の贈与を受けていました」と答えた。

１１０万円の非課税贈与を20年続ければ２２００万円になる。お金は妻名義の口座にあり、妻が口座を管理していた実態もある。

しかし妻の中途半端な知識が災いした。

「一定額の贈与を非課税にする特例は昔からありましたが、上限額は10万円、20万円、40万円、60万円と段階的に上がり、１１０万円になったのは２００１年なのです。妻はこのことを知らず、後付けの理屈を立てたのです。妻の預金２０００万円は、すべて夫の相続財産として課税しました」（秋山税理士）

阿保税理士が税務署対策について説明する。

「金銭が移動した事実をはっきりと残しておくことが大前提ですが、贈与は、贈る側と受ける側の両者の合意によって成り立つため、贈与の都度、『××円贈与する』と書いて両者がサインした書面を残しておくことがいいでしょう」

生前贈与の適正額を考える

生前贈与の効果は大変大きい。

父親の財産が１億円あり、母親がすでに亡く、子供２人が相続する時は計７７０万円の相続税がかかる。

この時、父親が子供２人と孫３人の計５人に各２００万円（計１０００万円）を生前贈与すれば、父親の財産は９０００万円に減り、相続税は計６２０万円に下がる。父親によるこの生前贈与は非課税特例の上限を超えるため、受贈した子供と孫の５人に計45万円の贈与税がかかるが、これを差し引いても、相続税は１０５万円節税できる。１回の生前贈与で１００万円を超える額を節税できるのだ（秋山税理士の試算より）。

加えて相続税の税率は、相続財産の額に対して10％～55％まで累進で上がっていく。生前贈与によって相続財産が減れば、税率を40％から30％、30％から20％等に下げることもできる。

多額の生前贈与に着手するケースもある。

サラリーマン出身の80歳の兄が病気になり、遺産受け取り人に指定された妹が秋山税理士のところへ相談に来た。

兄の財産は、自宅の評価額が1000万円、JAバンクの預金が2000万円など計4000万円弱であり、相続税はかからなかった。

しかしその後、兄がタンス預金に励み、風呂敷に現金を包んで押し入れの中に隠していたことが分かった。その額は実に5900万円。タンス預金を加えると相続財産は約9900万円となり、妹に約1000万円の相続税がかかることになる。

秋山税理士は兄にも話を聞いて残された時間が少ないことを知り、孫など親族5人に年間1500万円を生前贈与する計画を立てた。
「贈与税を払って生前贈与したほうが税金が安くなるからです。この時は、年末までに生前贈与をはじめれば、1年2カ月で3年分の4500万円の財産を減らすことができる状況でした」（秋山税理士）
1年2カ月で3年分の贈与を行えるのはカラクリがある。
贈与税は、毎年1月1日から12月31日までの1年間の贈与額に対してかかり、翌年2月

生前贈与の効果

（例）父親の財産が1億円で相続人が長男と次男の時、そのまま相続した時の相続税の合計額（1）に比べ、生前贈与を1回行った時の贈与税の合計（2）と、生前贈与後の相続税の合計（3）を足しても、105万円を節税できる（4）。

(1)　そのまま相続した時の相続税の合計

1億円－4200万円（基礎控除額）＝5800万円（課税価格）
長男　2900万円（按分金額）×15%（税率）－50万円（控除額）＝385万円（税額）
次男　2900万円（按分金額）×15%（税率）－50万円（控除額）＝385万円（税額）
相続税の合計は770万円

(2)　生前贈与した時の贈与税の合計

父親が子供2人と孫3人の計5人に各200万円（計1000万円）を生前贈与すると……。
{200万円（贈与額）－110万円（基礎控除額)}×10%（税率）＝9万円（税額）
贈与税の合計は45万円（1人9万円×5人分）

(3)　生前贈与後の相続税の合計

9000万円－4200万円（基礎控除額）＝4800万円（課税価格）
長男　2400万円（按分金額）×15%（税率）－50万円（控除額）＝310万円（税額）
次男　2400万円（按分金額）×15%（税率）－50万円（控除額）＝310万円（税額）
相続税の合計は620万円

(4)　生前贈与の効果

当初の相続税総額770万円－（贈与税総額45万円＋贈与後の相続税総額620万円）
節税額105万円

★贈与税を負担しても1回の生前贈与で相続税は105万円減額できる

（秋山清成税理士の試算より）

１日から３月15日までに申告する。

この兄が生前贈与に着手したのは２０１９年12月。１回目の贈与を実行した後、年が明けた２０２０年１月に２回目、翌２０２１年１月に３回目の贈与を行えば、実質１年２カ月で３年分の生前贈与ができることになる。

贈与税は、相続税と同様に贈与した額に対して累進課税され、税率は10％〜55％まで８段階に設定されている。そのため一度に多額の贈与を行うより、何年かに分割したほうが税率を抑えられ、贈与税の負担は小さくなる。

しかしこの兄妹の場合、兄が何年もかけて贈与を行う時間がなかった。残された時間と財産の額を基に、何年かけて、どの程度の額を贈与すれば相続税を軽減できるかは秋山税理士の試算によるが、贈与の着手時期も加味されたのである。

別のケースで、資産が約３億円ある83歳の女性は、子供と孫の計７人に年間１人５００万円の生前贈与をはじめた。年間計３５００万円の贈与に対し、贈与税は３３９万５０００円かかるが（１人48万５０００円の７人分）、女性の年齢からして贈与を続けられる期間は短く、おそらく相続税よりも安くなるという。

非課税の１１０万円の生前贈与をはじめる人は増えてきたが、普通のサラリーマン家族でも、贈与税を負担して１１０万円以上を生前贈与したほうがいい場合がある。

秋山税理士はこう話す。

「平均余命まで何年もあり、財産が１億円までの人は子供にそれぞれ１１０万円の生前贈与を続ければ対策としては十分です。

しかし高齢で生前贈与に時間をかけられない人、または財産が１億円を超えている人は、贈与税を払ってでも年２００万円、３００万円、時にはそれ以上の生前贈与を検討すべきです」

生前贈与の適正額の算出は難しい。

「贈与額は、現時点での相続税の額を算出し、生前贈与できる期間、対象人数などを含めて検討します。また、相続は父親の死亡と母親の死亡で２回起きるため、２回の相続を合わせて検討することになります」（同）

財産を減らし過ぎないこと

生前贈与は将来の相続税を減らすために行うものであり、その目的が達成できれば終える必要がある。

生前贈与を早く終わらせたいと考える人もいる。

数年前に定年退職して70歳を過ぎた男性の財産は、評価額３０００万円の自宅と、５０００万円の預貯金。また、定年退職したばかりの妻も預貯金が５０００万円あり、夫婦合わせて財産は１億３０００万円に上る。何もせずにいれば、子供に多額の相続税がかかる。

男性は生前贈与に興味を持ち、自分で調べた後で秋山税理士に相談し、夫婦で生前贈与を開始した。

男性は４人の孫にそれぞれ年１２０万円、妻は３人の子供にそれぞれ年１２０万円を贈与、夫婦合わせて年間の贈与額は８４０万円に上る。

秋山税理士が説明する。

「男性は意欲的で、できるだけ早く生前贈与を終えたいと考えていました。５年を目処にして状況を見ながら進める予定です」

生前贈与で注意すべきは、財産を減らし過ぎないこと。相続税は、基礎控除〈３０００万円＋法定相続人の数×６００万円〉を超えた額にかかる。

財産が８０００万円あるこの男性は、相続人が妻と子供３人であり、５４００万円まで財産を減らせば相続税はかからない。男性は年間４８０万円の生前贈与をはじめたため、7年続ければ相続税はかからなくなる。

秋山税理士はこう強調する。

「財産が課税ラインまで減れば、生前贈与を終えるべきです。老後が長くなり、思ったよりもお金がかかることもあります。子供に財産をすべて渡してしまえば、親の面倒を看なくなる恐れがあることも念頭に入れておいたほうがいいでしょう」

もう１つ留意すべきことは、できるだけ早く着手すること。杉江延雄税理士がその理由を話す。

「実は親が亡くなった時、過去3年間の贈与については親の相続財産に加算され、課税されます。年１１０万円の非課税贈与であっても加算されるため、生前贈与の意味がなくなるのです。ですから、親が元気なうちにはじめることを勧めます」

贈与税の税額

贈与税は、毎年、1月1日から12月31日までの1年間に受贈した財産の合計に対して課税される。

現在は基礎控除額が110万円と定められ、1年間の受贈額が110万円以下の場合は贈与税はかからない。

また、贈与者と受贈者の関係により、「特例贈与」と「一般贈与」に分けられている。

贈与税の税率は相続税よりも高く設定されているため、単に贈与を続けるだけでは相続税よりも負担が大きくなる。

●特例贈与財産＝直系尊属（祖父母や父母等）から20歳以上の者への贈与

贈与額	基礎控除	課税価格	税率	控除額	税額
110万円	110万円	0円	0%	0円	0円
200万円	110万円	90万円	10%	0円	9万円
300万円	110万円	190万円	15%	10万円	18万5000円
500万円	110万円	390万円	20%	30万円	48万円
1000万円	110万円	890万円	30%	90万円	177万円
5000万円	110万円	4890万円	55%	640万円	2049万5000円
1億円	110万円	9890万円	55%	640万円	4799万5000円

●一般贈与財産＝特例贈与財産以外（夫婦間、兄弟間、子が未成年等）

贈与額	基礎控除	課税価格	税率	控除額	税額
110万円	110万円	0円	0%	0円	0円
200万円	110万円	90万円	10%	0円	9万円
300万円	110万円	190万円	15%	10万円	18万5000円
500万円	110万円	390万円	20%	25万円	53万円
1000万円	110万円	890万円	40%	125万円	231万円
5000万円	110万円	4890万円	55%	400万円	2289万5000円
1億円	110万円	9890万円	55%	400万円	5039万5000円

（国税庁：表は例）

これまで取り上げた多額の生前贈与の実例も同様に、始めて3年以内に亡くなれば生前贈与した財産は課税対象となる。

余談だが、ある有名企業の創業家では、節税策として父親が長男に多額の生前贈与を続けていた。しかし不幸にも長男が急死した。その結果、父親が長男に生前贈与した財産を父親が相続することになり、相続税の額が膨れ上がってしまった。高齢化社会では順番通りに人が亡くなるとは限らず、こうしたケースは今後も起きるだろう。

ルール変更に注意

相続制度と相続税制は、特例ができたり廃止されたりを繰り返し、そのたびに税対策も変わってきた。制度の抜け穴を突いた節税策が広まると、国税庁が改正して締め付ける、イタチごっこである。

たとえば海外に5年間住むという節税策があった。松浦税理士が話す。

「被相続人と相続人の双方が相続開始時に、または贈与者と受贈者の双方が贈与時に、過去5年間さかのぼって国内に住所がない時は、国外にある財産に限り相続税も贈与税もかからない制度です」

近年は富裕層がこれを利用しようとして、治安が良く、日本人コミュニティーもあるシンガポールに移住し、「あと3年」「あと1年」と指折り数える人が増えたという。

しかし２０１７年度の税制改正で締め付けられ、5年ではなく10年住まなければならなくなった。

「大手企業を引退した男性が、節税のために『海外へ行く』と話していました。5年後に欧州に住む娘に財産を贈与すれば無税になるからです。私は『5年は長いですよ』と忠告しましたが、それが10年に延びた。男性は結局、海外行きを止めたようです。課税回避のためだけに海外に10年住むのは辛いでしょう」（松浦税理士）

また、所有地に賃貸マンションを建てていれば、相続時にその所有地の評価額を下げられる「貸家建付地の評価」も同様だ。

評価額を下げる時に賃貸している部屋数の基準が出来たり、空き部屋の割合によって減額幅が抑えられたり、さらに、空き部屋の割合については、故人が亡くなる前後1カ月ずつが対象となったりと、利用できる条件が年々厳しくなっている。

杉江税理士が「広大地特例」について話す。

広い土地を再開発する時は、都市計画法によって土地の一部を公共の道路等として提供

贈与財産別の贈与税の課税状況（2019年）

受贈額の階級	人　　数	受　贈　額	納付税額
150万円以下	12万1133人	1459億2000万円	13億　100万円
150万円～	4万5392人	844億5600万円	33億4900万円
200万円～	12万4296人	3652億2600万円	219億5900万円
400万円～	6万2916人	3285億4400万円	286億8400万円
700万円～	2万2039人	1878億7200万円	196億5700万円
1000万円～	2万　859人	2911億9400万円	247億8400万円
2000万円～	6084人	1444億3200万円	103億2500万円
3000万円～	1687人	638億　600万円	112億1000万円
5000万円～	900人	635億8300万円	116億9900万円
1億円～	514人	862億8700万円	136億8700万円
3億円～	105人	415億9900万円	68億6500万円
5億円～	84人	608億2800万円	120億　800万円
10億円～	24人	321億円	93億6900万円
20億円～	13人	307億6200万円	105億3800万円
30億円～	6人	229億9900万円	78億8100万円
50億円～	6人	508億9000万円	175億　600万円
合計	40万6058人	2兆4億9900万円	2108億2100万円

（税務統計2021年10月）

することが求められるため、利用できる土地の面積が減る。面積が減る分を勘案して、相続時の土地評価額を下げられるのが広大地特例だ。

「この特例は基準があいまいで、担当する税理士によってどの程度評価額を下げられるか判断が分かれてきました。そのため相続税の申告後、更正の請求（税金を減額するために申告後5年以内に行う請求）を行うと税が還付される可能性があり、更正の請求を専門にする税理士まで出てきました。しかし制度が改正されて誰が評価しても同じになったため、更正の請求を専門とする税理士の需要はなくなるでしょう」

（広大地特例は、２０１８年1月以降、適用基準が明確化された「地積規模の大きな宅地の評価」が適用されることになった）

しかもこれらの改正は、年に一度の税制改正で行われるだけではなく、国税庁が随時変更できる通達等によって行われることもある。

岡田税理士が話す。

「海外居住が〝10年ルール〟に改正された件もそうですが、制度自体がどの程度悪用されたのか不明なまま、唐突に改正されるケースが多い。

他にも、税務署から（相続税の）『調査に入る』と通知が来た時、調査に入る前に自主的に修正申告すれば加算税が０%となる裏ワザは、２０１７年から５%の加算税がかかることになりました」

やっかいなことは、相続税対策に着手しても、その効果が出るのは５年先か10年先か分からない相続税の申告時であることだ。対策に着手した時は有効であっても、その後ルールが改正されて相続時には意味を成さない可能性もある。

前述の海外５年ルールが10年に延長された改正は、２０１７年４月以降の相続・贈与に適用されている。それ以前に海外に移住して念願の５年経過を目の前にした人は、さらにあと５年住まなければならなくなった。

深刻化する「売れない不動産」

人口減少が進み、相続した親の家を売ろうとしても売れないケースが増え、深刻化している。

兵庫県の都市部でマンションを購入して妻子と住んでいる50代の男性サラリーマン。母親はすでに亡く、３年前に父親が亡くなり、１人息子の男性が唯一の相続人となった。

父親が遺したのは、同県西脇市郊外の自宅と田畑、約９００万円の預貯金だった。相続財産は課税ラインに届かず、相続税はかからなかった。

男性は相続した後に父親の自宅と田畑は売るつもりだった。相続する時、売れるか不安が頭をよぎったが、何とかなるだろうと考えた。

3年が過ぎた今も父親の自宅と田畑は売れていない。

男性は地元の不動産業者に売却を依頼した。「売れる見込みは薄い」と言われたため値付けも任せたが、価格を下げても下げても売れない。仕方なく隣の農家に「引き取って欲しい」とお願いしたが、「ウチだって後継者がいないし、引き取って欲しいぐらいです」と断られた。地元の自治体へ寄付することも考えたが、自治体が寄付に応じることはほとんどないと知った。

男性の負担は小さくない。3年間、車で片道1時間以上かかる父親の自宅に通って手入れし、年間数万円とはいえ固定資産税も支払っている。

男性はまだ50代。このまま売れなければ、20年、30年と負担だけが続くことになる。そして自分が亡くなれば妻が、妻が亡くなれば子供たちが、子供たちが亡くなれば孫たちが延々と負担を強いられることになる。これは決して他人事ではないだろう。
男性が取れる手段の１つは「相続放棄」だった。
しかし相続放棄は、財産も負債もすべて放棄する。男性はお金に困ってはいないが、父親が真面目に貯めてきた９００万円を簡単に放棄できないだろう。

売れない不動産問題を解決する方法

秋山税理士は「売れない」という深刻さを実感して様々なことを検討し、事前の対策として１つの方法を考えた。
「親が、生きている間に貯金など必要な財産を子供たちに移し、親の財産を不動産など不必要なものだけにして、相続時に相続放棄することです」（秋山税理士）
実際に秋山税理士は、将来の相続を心配する男性に、この対策を提案した。

家と山林を所有する関西在住の70代の男性。

男性の妻は亡くなり、40代の長男と長女は独立して家を持ち、男性の家と山林を継いで

くれる家族はいない。

男性は３０００万円の預貯金があり、長男と長女に遺したいと思っている。一方で山林は売れる見込みがなく、長男と長女が相続すれば負担になることは明らかだった。

日本の相続制度では、相続放棄すればすべての財産の相続を放棄するしかなく、必要なものを相続し、不必要なものを放棄することはできない……。


男性は秋山税理士の提案にしたがって、まず、３０００万円の預貯金を長男と長女に半分ずつ贈与した。

この時は、贈与税のかからない「相続時精算課税制度」を利用した。

この制度では、60歳以上の父母や祖父母が20歳以上の子供や孫に財産を贈与した時、受贈者１人につき２５００万円まで特別控除（非課税）が認められる（利用する時は税務署に申告する）。

ただし名称の通り相続時に精算するもので、男性の例では、男性が死亡した時に３０００万円が男性の財産として加算され、課税対象となる。

この制度の利点は、贈与した時点の価格で相続財産に加算されるため、成長している会社の株など、将来、価値が上がるものを贈与すれば節税になることだ。逆に、家屋など将来価値が下がるものを贈与すれば、相続税が増えることになる。

男性が制度を利用したのは、体があまり丈夫ではなく、3000万円の預貯金を贈与するために時間をかけられないからだった。加えて、男性が亡くなった時に贈与した3000万円を相続財産に加えても課税ライン未満のため、相続税もかからない。

預貯金を贈与した結果、男性の財産は、売れる見込みのない家と山林だけになったため、将来、男性が亡くなった時に長男と長女は相続放棄することになった。

秋山税理士は相続税専門の税理士として、この対策を勧めるべきか迷ったという。

「理由は、抜け穴を利用するこうした行為を勧めることは税理士として倫理上の問題を感じるからです。それ以上に、親が子供に預貯金をすべて渡してしまえば、子供が親の面倒を看なくなる恐れがあります」

それでも親の財産の中に、預貯金などの有用な財産と、売れる見込みのない不動産など無用な財産が混在している時は、他に有効な手立てはないという。

「売れない家は何をしても売れません。深刻な悩みを聞けば手段は選んでいられないとも思います。この問題は個人レベルで解決できるものではなく、国が抜本的な対策を講じな

ければ、放置された空き家や、所有者が特定できなくなる不動産はますます増えていくでしょう」（秋山税理士）

なお、借金のある親が多額の財産を子供に移せば債権者への詐害行為になる可能性があり、専門家に確認したほうがいい。

ちなみにこの男性の場合、贈与を終えてしばらくした時に家と山林は売れる目処が立ったため、秋山税理士の後顧の憂いはなくなったという。

相続放棄で生じる100万円の予納金

不動産を相続放棄する時は問題が生じる可能性がある。

相続人が相続放棄した時は、次の順位の相続人が相続することになるため、次の順位の相続人に相続放棄したことを伝える必要がある。伝えずに、3カ月の期限を過ぎれば相続放棄できなくなるためだ。

相続人全員が相続放棄した時は、家庭裁判所に「相続財産管理人」の選任を申し立て、財産を処分してもらう。

東京地裁に聞くと、「相続財産管理人への報酬として原則100万円の予納金を納める必要がありますが、予納金は余れば申立人に返還されます」とのことだった。

財産を相続しないのに１００万円を支払うのは理に合わないが、それより、売れない不動産は相続財産管理人でも売れない可能性が高い。長い期間売れず、予納金が尽きれば追加で予納金を納める必要があるのか、東京地裁に聞いても明確な回答は得られなかった。

また、「売れなければ国庫が引き取ってくれる可能性がある」と聞いて財務省理財局に問い合わせたが、ここでも明確な回答は得られなかった。

売れない不動産だけを相続放棄するケースはまだあまりなく、制度が整備されていないとみられる。

生前対策は親が考えるべき

家族対策でも税対策でも、最大の問題は「誰が切り出すか」ということ。子供が切り出せば親が感情を害すことが多く、トラブルになりかねない。

岡田税理士が話す。

「相続は亡くなる人が遺していくものですから、生前対策はまず親が考えるべきことです」

親が考えてもすぐに答えが出るものでもない。

「親と子供たちの気持ちが最初からぴったり合うことはありません。親が相続対策を切り出した時、特定の子供に多く譲るのではないかと他の子供が疑心暗鬼になることもある。親は、誰に何を遺すかを見極め、子供たちが納得するまで時間をかけて話し合う覚悟が必要です」（岡田税理士）

子供から切り出す時は、親が元気なうちに話したほうがいい。親が弱ってくると余計に言い出しにくくなる。

最近では、事業をしている親子が一緒に取引銀行に行った時、銀行に置いてある相続のパンフレットを見たり、親子でテレビを見ていて相続の話題が出たりしたことがきっかけとなり、対策を考えることも増えているという。

生前対策は、頭では必要性を理解できても実行に移すことが案外難しいこともある。とくに税対策は、将来の相続税を下げられることがなかなか実感できない。今１００万円を払えば将来の相続税がそれ以上に下がると理解できても、１００万円を払うことに躊躇してしまう。親にしろ子にしろ「お金がかからなければ何でもやります」という人は多いという。

相続対策には「性差がある」と、片山敏彦税理士は興味深いことを言う。
「夫が亡くなって妻が遺された時、妻は自分から相続対策について相談に来ますが、逆に夫が遺された時は、相続に対して割と無頓着な傾向があり、子供のほうが心配するケースが多い。また男性は相続対策を前にした時、遺言状を書きさえすれば大丈夫と考えがちです。生前贈与を行う時、女性は娘婿や孫のことも考えますが、男性は子供のことだけを考える傾向もあります」

税対策は効果が大変大きいにもかかわらず、広く普及していないのは、親は関心を持てず、税軽減の恩恵を受ける子供からは切り出しにくいという原因がある。加えて、１年後に税金が１００万円減ると分かれば人は急いで着手するが、５年先、10年先に相続税が１００万円減ると分かっても、先の話で想像が及ばず、着手が先送りされるという問題もある。

まずは、現時点で相続税がどの程度かかるか計算してみるのもいいだろう。

第4章　税理士の選び方

税理士は全国に約8万人いるが、相続に詳しい税理士は少ないため様々な問題が起きる。

相続税は、故人の住所地を管轄する税務署に申告書を提出して納税するが、申告書の作成は税理士に依頼することが多い。問題は、相続税の申告に関する知識があり、経験が豊富な税理士が少ないことだ。それでも、税理士の資格を持っていれば申告を受任できる上に、相続税申告の報酬は比較的高額なため、依頼を引き受け、ミスを犯す税理士がいる。時には、相続税を余計に納税してしまうこともある。

本人申告のすすめ

２０１５年1月に課税ラインが引き下げられて課税対象者が増えると、相続税への関心が高まり、税理士を頼らず自分で申告書を作成して申告する相続人が増えてきたという。申告手引書なども次々と出版されている。

杉江延雄税理士はこう話す。

「税理士に申告を依頼すれば、財産額の１％前後の税理士報酬がかかります。それは高いという理由で本人申告が増えているのです。リタイアした人は、時間もあるので勉強を兼ねて申告しようと考えるようです」

しかし多くの人は初めて申告するため、単純なミスも多い。

２０１９年初め、千葉市在住の80代の父親が亡くなった。相続人は母親と50代の長女、相続財産はマンションと預貯金等だった。

長女は本人申告を考え、勉強してマンションの評価額を算出。預貯金を足しても相続財産は約４０００万円だったため相続税の申告は必要ないと判断した。念のために、無料相談を受けている杉江税理士を訪ね、マンションの評価額を確認してもらうと……。

マンションの評価額は間違っていなかったが、杉江税理士が父親の通帳を確認してミスが分かった。

「父親は、亡くなる前に自分で保有債券を解約し、亡くなった10日後に約１０００万円が振り込まれていました。長女は、銀行に発行してもらった死亡日の残高証明書を出せばいいと思っていましたが、これも相続財産。１０００万円を足すと申告が必要になることを伝えました」（杉江税理士）

相続財産から控除できる葬儀費用についてもミスが多いという。

「亡くなる直前に、相続人が３５０万円の葬儀費用を故人の口座から引き出したうえに、申告する時にさらに葬儀費用として控除することが結構あります。二重に引いているのでもちろん認められません。税務署から見れば３５０万円の10％で35万円の税金を取れるため、見逃してくれません。それにこうしたミスをする人は、他にも漏れがあると見られます」（杉江税理士）

　しかし本人申告を恐れるべきではない。

「相続財産の額が少なければ、申告漏れがあっても課税額は数十万円で済むことが多く、払わなかった税理士報酬の分と思えば気が楽になるでしょう。税務調査が入らない可能性ももちろんある。複雑なケースでなければ本人が申告してみるのも１つの選択だと思います」（同）

　留意すべきことは、申告漏れではなく、相続税の払い過ぎだ。

　秋山清成税理士は、税務署勤務の時にこれを目の当たりにした。定年退職した男性が親の財産を相続する時、手引書を読むなどして勉強し、税務署にも相談に行って自分で申告した時のことだった。

「相続財産がかなりありましたが、特例を利用していなかったために１０００万円払い過ぎていました。しかし特例は利用しなくてもよく、他に間違いがなかったため調査省略（税務調査の省略）としてそのままにしました。本人は税務調査が入らなかったため、完璧に申告できたと思っているでしょう。財産が比較的多りれば、作成した申告書を税理士に見てもらうことも1つの方法です」（秋山税理士）

なお、税理士報酬は自由化されて税理士によって差が出るようになったが、基本は相続財産の0・5%～1%程度。相続財産が8000万円あれば40万～80万円かかる。財産の額が大きくなれば料率は下がる。

税理士から見ると、報酬額設定は案外難しいという。

「財産が1億円でも5億円でも申告の手間はそれほど変わりませんが、同じ額の報酬を頂くことはできません。相続税が少額、または申告して相続税ゼロになる時は報酬は取りづらいものです。

申告の手間は、財産の内容、相続人の数や関係によって変わりますが、インターネットを見て来る人は料金のことばかり気にします。内容を聞かなければ判断できませんが、なかなかそれが通じません」（阿保秋声税理士）

相続税に詳しい税理士は少ない

　では、親が亡くなった時、相続税の申告を依頼する税理士の顔が浮かぶだろうか？

　一生に１、２回しか申告しない相続税の場合、相続が起きた時に初めて税理士を探すことになる。

　逆に税理士の側から見ても同じことだ。所得税や法人税の申告は、一度受任すれば何年も続くことが多く、専門とする税理士は多い。しかし相続税の場合は定期的な依頼がなく、税理士もまた依頼人の顔は浮かばない。

　税理士の数に比べて相続税の申告件数が少ないという事情もある。

　全国の税理士約８万人に対して相続税の申告件数は、２０１５年以降に倍増しても年間14万８０００件（税理士の数は２０２２年３月、申告件数は２０１９年）。税理士１人が１年間に受任できる件数は、平均して２件に満たない。実際は、年１０００件以上を受任する相続専門の大手税理士事務所が数社あって依頼が集中するため、数年にわたり１件も受任しない税理士も多い。

　岡田俊明税理士はこう話す。

「相続税制が改正されて課税ラインが下がる前、相続税の申告件数は、１人の税理士が平均して1年間に1件も担当できない数でした。経験を積むことが難しく、それは今も変わりません。相続税は税額が高く、経験が少なければミスが恐い。しかし相続税申告の報酬は1件で100万円を超えることも多く、経験がなくても受任してしまう税理士がいるのです」

相続税に精通しているのは、国税庁の「資産課税部門」を経験してきた国税OBだが、数は多くない。

大阪国税局出身の片山敏彦税理士が話す。

「税務署では、最初に配属された部門で主に仕事をしていく傾向があります。最も人数が多いのは法人課税部門で、資産課税部門は少ない。大阪国税局の場合、1万人弱の職員のうち600〜700人しかいません。資産課税部門は毎年20人弱入り、その分定年退職などで出ていく規模です。その中で実務ができる人は少なく、退職後に税理士を開業して相続税の申告を受任している人は限られます」

本書は国税OB税理士を中心に話を聞いているが、ある国税OB税理士は自戒を込めてこう話す。

「税務署では申告書のチェックが中心となるため、税理士を開業しても自分で申告書を作成することができない人は結構います。税理士になってもお役人体質が抜けず、相続人に対して上から目線で臨み、詰問調になって嫌がられる人も少なくありません」

　国税ＯＢの看板が問題視されたこともある。

「ある税理士法人が相続税に関し、『国税ＯＢが揃っている』と謳って、役所時代の肩書付きで顔写真を並べました。国税ＯＢだと何か裏の手があると誤解を与えかねず、税理士会の理事会でも問題になりました」（岡田税理士）

インターネットの宣伝は信用できるか？

　近年はインターネットを見て税理士を探す人が増えている。２０１５年に相続税専門として開業した秋山税理士はこう話す。

「大阪国税局を退職して開業した時、息子にすすめられてホームページを作りました。相続人は高齢者が多いためインターネットの効果はないと思いましたが、最初の2、3年は、9割がネットを見て来た人でした。多くは国税ＯＢの経歴が目に留まったようです。私より数年先に開業した国税局の優秀な先輩はサイトを開設しておらず、相続税の申告依頼は3年間で数件と聞きました」

今、インターネットはかっこうのＰＲ手段となり、税理士による広告が溢れている。「安心の税理士報酬」「税金が一番安くなる相続税申告」「年間50件超の相続税申告実績」「８６０万円の相続税が０円に！」……。

この数年、とりわけ大きなアピール材料となっているのが「書面添付」だ。相続税の申告書に加え、税理士が「財産を精査した」という書面を作成して添付するのが「書面添付制度」である。いわば税理士のお墨付きであり、書面添付がある場合は、税務署は税務調査に入る前に税理士に「意見聴取」するルールがある。

インターネット上では、「書面添付した時は税務調査の確率は１％」「税務調査が入らないための特効薬」「書面添付している当事務所へ」と様々な文言が並んでいる。

こうした宣伝文句を見ると、書面添付してもらえれば税務調査は入らないように思えてしまう。それが事実であれば依頼人が殺到するだろう。

実際、書面添付を求める相続人は少なくないという。

秋山税理士の事務所に60代の男性相続人が訪れ、書面添付してくれることを条件に申告

書作成を依頼してきた。
話を聞くと、明らかな名義預金が数千万円ある。男性はどこかで聞きかじったらしく、書面添付を伝家の宝刀のように思い込み、書面添付してくれれば、名義預金を申告しなくても税務調査を回避できると考えていた。

秋山税理士が振り返る。

「明らかな名義預金があるのに申告しなければ、書面添付しても税務調査は入ります。あの預金を申告せず、書面添付する税理士がいるとは思えませんでしたが……」

要するに、書面添付を謳うのは誇大広告の可能性があるのだ。

「私は税務署の調査官だった時、書面添付の有無で審査を変えたことはありません。申告漏れの財産を把握し、税務調査に入ることを決めた時、ルール上、書面添付があれば税理士に意見聴取しますが、だからといって調査を止めることはありませんでした。

本当に書面添付できる案件は税務調査が入りませんし、わざわざ書面添付する必要はありません。ですから私は開業して、書面添付したことはありません」（同）

それどころか、書面添付を優先することによって相続人に不利益が生じる可能性もある。

前述した通り、「名義預金」は妻や子供の名義の預金であっても、亡くなった夫の財産として課税対象になる預金のことだ。しかし名義預金か否かは判断が難しい時もあり、敢えて申告せずに税務署の判断を待つこともある。

「グレーゾーンの預金をすべて申告して書面添付すれば税務調査は入らないかもしれませんが、課税されない可能性のあるものまで申告して相続税が余計にかかることになり、相続人の利益を棄損してしまいます」（同）

秋山税理士はこう付け加える。

「税務署は相続税の申告書をチェックする際、税理士の名前も見ています。常に書面添付している税理士が、別の申告書で書面添付していなければ、何かある、と税務署は疑うでしょう」

「基本」すら知らない税理士がいる

最大の問題は、税理士が間違いを犯すことだ。

本書で話を聞いた国税ＯＢの税理士たちは現職の時、または税理士を開業して様々な相談を受ける中で、申告を間違えたケースを数多く見て来た。

たとえば、相続税の税額に大きく影響する不動産の評価額算出がある。

不動産を評価する時は、土地は路線価に面積を掛けて、建物は固定資産税評価額に基づいて算出し、そのうえで、様々な特例を利用して評価額を下げていく。しかし特例を詳しく知らない税理士は少なくないという。または、特例は利用しなくても間違いではないため、煩雑な特例の利用を避けて手を抜く税理士もいるという。

阿保税理士が振り返る。

「現職の時に相続税の申告書を何千件と見てきましたが、現地へ行って不動産の状況を確認せず、路線価に面積を掛けただけで申告する税理士がたくさんいました。評価の仕方で大きく差が出るところであるため、相続人は注意が必要です」

不動産だけではない。

阿保税理士は相続税申告の時、相続人に対して家族全員の過去3年分の通帳を提示してもらう。過去3年分の贈与は課税対象となるためだが、故人が亡くなった日の残高証明書の取得だけで済ませる税理士が多くいるという。

死亡日の残高証明だけで済ませるような税理士は、他の点でも杜撰《ずさん》であったりいい加減であったりする可能性が高く、税務署も目を付ける。秋山税理士が振り返る。

「税務署に勤務していた時、申告書に書かれた税理士の名前で税務調査の対象を選んでいたことがありました。申告書に特定の税理士の名前が書かれていると『よく調べよう』と思ったものです。申告がいつも杜撰なため、税務調査に入れば多額の増差（追徴できる税金）を取れることが多かったからです。その税理士は立派な事務所を構え、スタッフを何人も雇っていましたが……」

頼りにならない顧問税理士

中小企業の経営者など、事業主には、法人税や所得税を毎年申告してくれる顧問税理士がいる。しかし顧問税理士は相続制度について無知であることが多いという。

父親が亡くなった後、相続人の母親とサラリーマンの1人息子が、息子の妻を母親の養子にすることを考えた。養子にすれば、母親が亡くなった時の相続人は息子と息子の妻の2人となり、控除額が増えて相続税を下げることができるためだ。息子は、相続税軽減を図るために、配偶者や孫を養子にすることはよくあると聞いていた。

しかし、息子が勤務先の顧問税理士に相談すると「養子は相続人になれない」と言下に

否定された。おかしいと思って秋山税理士に相談した。

秋山税理士が振り返る。

「養子は、他に子供の相続人がいれば1人だけ、いなければ2人まで相続人として控除の対象になります。相続人が1人増えれば基礎控除額が600万円増え、相続税の税率が下がる場合もあり、大変大きい。これは相続税の基本ですが……」

中小企業の問題の1つは、事業を引き継ぐ「事業承継」。後継者不在、または長男が継ぐことに決まっても他の子供にも会社の株を相続させざるを得ず、経営が不安定になるなど様々な問題が起きる。

とくに中小企業経営者の場合、事業の継承と相続が密接に繋がるため事前の対策が重要になるが、事業で頼っている顧問税理士は頼りにならないことが多いという。

「法人の顧問税理士の多くは、相続対策の相談に乗ってくれません。毎月定額の報酬で法人税や所得税を見ているため、相続対策の相談に乗っても報酬を別途もらいづらいし、相続税は専門性が高いため、間違ったことをしたくないからです。多くは、相続税専門の税理士を紹介してくれることもありません」（秋山税理士）

相続になった時、「会社の顧問税理士は何も教えてくれなかった」「専門の税理士を紹介してくれなかった」というケースが多いという。

相続税を1000万円以上払い過ぎて税理士を提訴

相続は2次相続までを見据えた対策が重要だと前述したが、税理士がこれを間違える。

神戸市に住む男性が80歳で亡くなった。相続人は、1歳下の妻と49歳のサラリーマンの長男。相続財産は家と預貯金で8000万円あった。

妻は、所得税の申告を毎年任せていたA税理士に相続税の申告書作成を依頼した。A税理士は「配偶者控除を利用して、あなたがすべて相続すれば相続税はかかりません」と説明し、申告の手続きを進めることになった。

数日後、妻はふと、自分が亡くなった時のことを考えた。自分も定年退職者で8000万円の財産がある。夫の財産をすべて相続すると、自分が亡くなった時に1億6000万円の財産を長男が相続することになる。相続税が高くなるのではないか……。

妻はA税理士の提案に不安が募り、インターネットで探して秋山税理士に相談に来た。

A税理士が説明した通り、１次相続で妻がすべて相続すれば相続税はかからない。しかしA税理士は説明しなかったが、妻が亡くなった時の２次相続では、長男に３２６０万円もの相続税がかかってしまう。

これに対し、１次相続で妻と長男が半分ずつ相続すれば、妻の相続税は同じくゼロだが長男に２３５万円の相続税がかかる。しかし、２次相続で長男にかかる相続税は１８２０万円に下がるため、１次相続で妻がすべて相続した時に比べ、通算すれば約１２００万円も相続税を下げられるのだ（秋山税理士の試算より）。

秋山税理士の説明を聞いた後、妻がA税理士の事務所へ行ってその旨を話すと、「相続税のことはよく分からなくて……」とA税理士は言い訳した。依頼は中止したが、「申告書はすでに作成した」という理由でA税理士が報酬を要求してきたため、妻は仕方なく支払った。

A税理士の提案通りに申告し、実際に１２００万円も余計に相続税を負担することになれば、損害賠償を請求したいところだろう。

相続人が税理士を提訴するケースもある。

会社創業者である父親が亡くなり、相続人の母親と息子2人が負担した相続税は数千万円にのぼった。息子2人が相続した大半は簡単に売れない会社の株だったため納税資金が捻出できず、相続税を分納することにした。

分納を続けている間に母親が亡くなり、息子2人に2回目の相続税がかかることになった。2人は、父親が亡くなった時に相続税の申告書を作成してくれたB税理士に再び依頼し、申告を終えた。

その後、息子２人は疑問が湧いて内田誠税理士に相談した。

「１次相続の後、10年以内に２次相続が起きた時は『相次相続控除』という優遇措置があり、税額が大きく下がりますが、Ｂ税理士は利用していませんでした。

しかも父親が亡くなった時、配偶者控除のある母親に多く相続させて相続税を減らしていましたが、結果として、母親が亡くなった時の２次相続で相続税が跳ね上がっていたのです」（内田税理士）

相続税は、申告後5年以内であれば税減額の請求ができるため（更正の請求）、内田税理士が精査して更正の請求を行うと、１０００万円戻って来た。

しかし2次相続で相続税が跳ね上がった分は取り戻せず、相続人は、B税理士を提訴することになったという。

B税理士は、関西の中堅都市で税務会計事務所の代表を務め、税理士を複数抱え、スタッフを含めて約10名を擁している。公式ホームページはきれいにデザインされ、相続税の申告について「親身になってご相談に乗り、納得していただけるまで説明します」と書かれている。

B税理士が起こした問題を知らなければ、税理士事務所を地元で長年経営し、相続税についても信頼できる税理士に見えるだろう。

中には、申告書作成を受任しておきながら〝丸投げ〟する税理士もいる。

〈税理士先生のため！　お役立ち制度！　相続税申告業務をサポート〉

これは、相続税専門の大手税理士法人が全国の税理士事務所に送っているダイレクトメールの謳い文句だ。税理士事務所には、こうした宣伝が日々郵送され、ファクスが送られてくる。

岡田税理士が話す。

「経験の足りない税理士が、申告を受任して相続税専門の税理士に丸投げするケースは少なくありませんが、責任はあやふやになり、料金はその分高くなります。『自分は詳しくないので紹介します』と正直に言ってくれる税理士は良心的です」

税理士の選び方

相続税の申告では、申告を依頼した税理士に知識や経験がないため税額が高くなるケースが少なくない。しかし税務署は申告漏れには厳しいが、相続税を払い過ぎても教えてはくれない。

秋山税理士はこう話す。

「国税局に勤務した通算40年あまりで、相続税の申告書を約2万件見てきましたが、間違いや勘違いは意外に多いものです。実は、やり方次第で税額が下がるケースも少なくないのですが、税務署は教えません。税収を減らしたくないし、間違いでない限りそのまま見て見ぬふりです」

相続税は税額が高く、間違えれば数十万円、数百万円、時に１０００万円以上も余計に税金を払うことになる。多くの場合、相続税の払い過ぎは税理士によるミスだという。

なお、相続税では、特例を利用して財産評価額が課税ライン以下になり、相続税がゼロになる場合も多いが、申告自体は必要だ。

２０１９年、財産５０００万円以下の相続税申告件数は３万２０１６件だが、課税件数は35％の１万１３０３件。５０００万〜１億円の申告件数は６万８２０９件だが、課税件数は86％の５万８５７２件。相続税を申告して相続税ゼロになったケースが多いことが分かる。

ちなみにお金持ちはいるもので、この年だけで財産20億〜30億円の申告は１２６件、30億〜１００億円は67件、１００億円を超える申告は17件あった（件数は被相続人の数。税務統計）。

相続税の申告では、信頼できる税理士に依頼することが大事だ。

インターネットを見て目に付くのは、相続税専門の大手税理士事務所だ。近年は、税理士を１００名以上抱え、年に１０００件以上受任する事務所が複数ある。

実際に大手専門事務所に申告を依頼した50代の男性サラリーマンはこう話す。

「私の場合、相続財産はそれほど多くなく、相続人も少なく合意もできていました。何社かの料金を比較して一番安いところにしましたが、問題はありませんでした」
　相続財産が少なく、内容も複雑でなく、相続人間で争いが起きる可能性がなければ、相続専門の大手事務所のほうが料金は安いのだろう。
　相続税に詳しい税理士に、信頼できる税理士の探し方を聞いた。
「不動産を評価する時に必ず現地へ行く人。名義預金は課税されるということを具体的に説明してくれる人。相続は１次、２次、場合によっては３次相続もあるため、将来のシミュレーションを示してくれる人です」（阿保税理士）
「相続税の申告は、相続人と税理士が膝を突き合わせて行うものです。面談に行った時、税理士本人ではなく、スタッフが出てくる事務所は結構多い。税理士本人が出て来なければ別の税理士を探すべきでしょう」（内田税理士）
「私の地元（姫路市）には、税理士が２００人くらいいます。出来れば、相続専門の税理士を探すこと。料金で選んではいけません。税理士報酬が30万円安くなっても、相続税が３００万円高くなれば結果として損します」（秋山税理士）
「税理士報酬の基本は、相続財産に対して０・５％～１％ですが、１人１人内容が異なり、複雑で時間がかかる時もあり、一律で出来るわけではありません。一律の料金を謳ってい

る場合は、追加料金の発生に注意すべきでしょう」（岡田税理士）

相続に詳しくない税理士に高い報酬を支払った挙げ句、相続税を払い過ぎても、税務署は教えてくれない。理不尽にも思えるが、怒ったところで税金は戻ってこない。事は私有財産にかかわる問題であり、相続制度についてある程度自分でも知っておく必要がある以上に、信頼できる税理士を探すために労をいとわないことが大切だ。

第5章　税務調査

相続税の申告に漏れがあれば税務署が税務調査に入る。その数は年間1万件を超える。

相続税を申告した際に、「申告財産に漏れがある」「申告書に間違いがある」、または「課税対象なのに申告していない」と税務署が考えた時には、税務調査に入って追徴課税してくる。税務調査に入る割合は課税件数に対して10％を超え、決して他人事ではない。しかも、税務調査が入れば8割以上の確率で追徴課税される。税務調査の実態とは？

税務調査は申告から2年後に行われる

調査官が税務調査に訪れ、追徴課税された時は、申告した額に申告漏れの額を加算して改めて相続税が算出され、不足分を追加で納める。申告漏れは悪意のないミスが多いとされるが、意図的に財産を隠し、悪質だと判断されれば、35％の重加算税が課せられる。

　税務調査が入るのは、申告のほぼ2年後だ。2年かかるのは、提出された膨大な数の申告書を各地の税務署が精査し、税務調査に入るか否かを決めるまでに時間がかかるからだ。そのため申告したことを忘れた頃に追徴課税されることになり、金銭的にも精神的にも大変痛いという。

　税務署は追徴税額の多いところを狙うと思われがちだが、少額でも税務調査は入る。

税務調査の実施状況

国税庁は、収集した資料情報等を参考にして、申告額が過少であると想定される申告や、申告義務があるにもかかわらず無申告であると想定される事案について、税務調査（実地調査）を実施している。

税務調査に入り、申告漏れを指摘した割合は例年90％近くに達し、国税庁による日頃の情報収集能力の高さがうかがえる。

なお、2020年は新型コロナウイルス感染症の影響により、税務調査の数は例年に比べて半減したが、大口・悪質な不正が見込まれる事案を優先して税務調査に入った結果、１件当たりの追徴税額は943万円と大幅に増え、過去10年間で最高となった。

	2019年	2020年
税務調査に入った件数	1万635件	5106件
申告漏れを指摘した件数	9072件	4475件
税務調査に入り、申告漏れを指摘した割合	85.3％	87.6％
重加算税を課した件数	1541件	719件
重加算税を課した割合	17.0％	16.1％
申告漏れ課税価格	3048億円	1785億円
（うち、重加算税対象）	572億円	319億円
追徴税額（本税）	587億円	416億円
追徴税額（加算税）	95億円	66億円
追徴税額（合計）	681億円	482億円
税務調査１件当たり課税価格	2866万円	3496万円
税務調査１件当たり追徴税額	641万円	943万円

（国税庁2021年12月）

山梨県で不動産業を営んでいた男性が5年前に70代半ばで亡くなった。男性はバブル期は羽振りがよく、地元の長者番付に載ったこともあった。バブル崩壊後は経営不振に陥り、その後持ち直したものの、亡くなった時もまだ大きな借金が残っていた。

相続人は妻と40代の長女。2人は、父親が所有していた土地を売って銀行に借金を返済し、母親は残った預貯金、長女は有価証券を相続した。相続した財産は2人合わせても相続税の課税ラインより30万円少なく、相続税の申告は必要ないと判断した。

相続税の申告期限から2年後。税務署から突然電話がかかり、2人の調査官が税務調査に訪れた。2時間にわたり様々なことを聞かれたが、それだけで終わらず、2回目の訪問でさらに2時間を費やした。

調査官が指摘した申告漏れの1つは、長女には思いがけないものだった。

長男だった父親は5人の弟妹に財産分与を考え、5人を受け取り人にしてそれぞれ200万円の生命保険を掛けていた。男性が亡くなった後、弟妹5人は保険金を受け取った。

実は、男性が掛けていた生命保険は男性の財産として加算される。５人を受け取り人とした生命保険金計１０００万円を加えると財産は課税ラインを超えるため、妻と長女は相続税を申告しなければならなかったのだ。妻と長女は保険金を受け取っていないが、相続税が課されることになった。

長女が振り返る。

「調査官が２回来た後、税務署へ行って調査官に言われたままの金額で修正申告しました。１時間程度かかり、母は約10万円、私は約45万円を納めました」

税務調査は大きな額の申告漏れに入ると思われがちだが、これだけ少額の追徴課税案件でも税務調査が入るのだ。

生命保険を巡る愛憎劇

生命保険に関しては、次のような話もある。

ある日、岡田俊明税理士の事務所に税務署員が電話をかけてきた。岡田税理士が担当して相続税を申告した相続人のことだった。

「〇〇さん（相続人）に税務調査に入ります」

「何かありましたか？」

「生命保険（の申告）が漏れています」

「××生命保険で出しましたよ」

「それとは別の生命保険があるのです……」

「え？」

相続人は70代の女性だった。岡田税理士は相続税の申告に当たり、女性にヒアリングして通帳等も確認し、受け取った生命保険金を申告していた。

しかし、生命保険金の受け取りはもう1つあった。

女性は認知症になりかけていた。面倒を看ていた女性の親族が介護費用の捻出を心配し、生命保険の1つの受取人口座を密かに変更、岡田税理士には隠していたのだ。

「税理士は相続人の口座を強制的に調べることはできないため、相続人が隠してしまえば分かりません。しかし、生命保険会社は生命保険の支払調書を税務署に提出するため、必ずバレるのです。税務署と折衝して税務調査に入ることはなんとか免れましたが……」

（岡田税理士）

もう1つ、秋山清成税理士が大阪国税局の調査官だった時、相続人となった妻が怒り心頭に発したケースもある。

税務調査のために故人（夫）の家に行った時、遺影が見当たらなかった。遺影が１つも飾られていないのは異例だ。秋山調査官が妻に聞くと、最初は素知らぬ顔をしていた。しかし最後に、「夫は、愛人を受け取り人にして５０００万円の生命保険を掛けていました。そんな夫の顔なんて見たくもありません」とぶちまけた。

問題はここからだった。

「夫が愛人のために掛けていた５０００万円の生命保険は夫の財産に加算されるため、妻の相続税も増えたのです。妻は『そんな法律はおかしいでしょ！』と激怒しましたが、免除することはできませんでした」（秋山税理士）

後日、５０００万円を受け取っていた愛人には、特別関係人として相続税２０００万円が課税された。もちろんそれでも、妻の怒りが収まることはないだろう。

税務調査に入るまでの流れ

国税庁の視点から、税務調査に入るまでの流れを説明しよう。

国税庁は日々、様々な方法で個人資産情報の収集を続けている。

１つは、毎年申告する所得税等の課税情報。もう１つは「法定調書」の収集である。

法定調書とは、国税庁への提出が法律で義務付けられた取引記録のこと。国税庁は、以下のように説明している。

〈法定調書とは、「所得税法」、「相続税法」、「租税特別措置法」および「内国税の適正な課税の確保を図るための国外送金等に係る調書の提出等に関する法律」の規定により税務署への提出が義務づけられている資料をいいます〉

法定調書は実に60種類もある。給料と退職金の支払い、不動産の売買、投資の配当、生命保険金の支払い、貴金属の売買、国外送金……等々だ（２０２２年2月現在）。

この法定調書を税務署に提出するのは、生命保険金の場合は生命保険会社であり、支払った者や取引した者だ。本人の知らないうちに情報が蓄積されているとも言える。また２０１６年１月以降は、金銭等の支払いを受けた人のマイナンバーを記載することが求められている（一部は6年間猶予）。

国税庁は、こうして収集した個人資産情報を「ＫＳＫシステム」（国税総合管理システム）というデータベースに蓄積している。

人が亡くなって自治体に死亡届が提出されると、自治体は、死亡届とともにその人の所有不動産情報（固定資産関係書類）を税務署に送る。税務署は死亡通知を受け取ると、固定資産関係書類とＫＳＫシステムの情報を見て故人のだいたいの資産を把握できる。

　内田誠税理士が振り返る。

「私が在職していた時は（２００７年退職）、故人の財産が５０００万円を超えると、相続人全員に、相続税の申告を促す『お尋ね』と呼ばれる書面を郵送していました。お尋ねを出すのは、故人が亡くなって7カ月後と決まっていました。お尋ねを見て初めて、申告の準備をはじめる相続人も結構いました」

　申告から2年後に税務調査が入ると前述したが、税務調査が入る時期はほぼ決まっている。

　税務署は、年が明けると確定申告の受理で忙殺される。3月にその受理忙殺の山を越えると、相続税の申告書を精査し、税務調査に入る対象を選定する。7月に人事異動があり、新人事の下で税務調査に一斉に入るという。

　刑事が現場に行くことを「臨場」と言うが、税務署の調査官が申告者の自宅に出向くことは「臨宅」という。

「臨宅するのは、増差（追徴できる税金）が多いと思われる順です。税務署員にはノルマは課されませんが、増差の額は実績として数字に残るため、できるだけ多く取れるところを優先して行くのです。

臨宅して初めて申告漏れを見つけることもあるし、逆に、数千万円の出金先不明のお金があり、解明するために臨宅したのに問題がないことが分かり、ガックリした経験もあります」（秋山税理士）

調査官はまた、銀行や証券会社へ行って故人の過去の取引伝票を１枚１枚確認し、大きな出金があれば使途も調べる。

武田秀和税理士が振り返る。

「調査官だった時、銀行口座の出入金を調べていて、１３５０万円という半端な額の出金が出てきました。別の銀行や家族名義の銀行口座も調べると、複数の口座で、同じ日に計６５０万円の出金があることが分かりました。合計すればキリのいい２０００万円。投資していたのです。これにより、家族名義の口座の預金は実際には故人の財産だったことが分かり、名義預金として課税しました」

秋山税理士は、「１つ言えることは、臨宅する時点で、８割は増差が取れる目処が立っていることです」と言う。つまり、税務調査が入ればほぼ確実に追徴課税されるのだ。

これは数字でも裏付けられる。

国税庁は２０１９年に１万６３５件の税務調査に入り、そのうち85・３％に申告漏れを指摘して追徴課税した。事前に把握できていなければこれだけ高率の課税はできないだろう。

申告漏れの額は平均して１件当たり２８６６万円、追徴される税額は平均して１件当たり６４１万円に上り、決して小さくない（２０２０年12月、国税庁発表）。

「部外秘の資料」が示す税務調査の基準

税務調査が入る確率は決して低くない。

２０１７年に亡くなった人は約１３４万人。このうち相続税の課税対象になった故人（被相続人）は約11万２０００人に上り、課税割合は８・３％だった。

この年に課税された相続人に対して２年後に税務調査が入ったと考えると、２０１９年に税務調査に入った数は１万６３５件であり、税務調査に入った割合は９・５％になる。

なお、前年の２０１６年の割合は12％。10人に１人の割合で税務調査が入ることを考えれば、決して他人事ではないだろう。

ここに、税務調査の実態を示す内部資料がある。ある地方の国税局が作成した部外秘の「資産税事務実施要領」だ。少し古いものだが、資産税（相続税と贈与税等）の税務調査に関して細かく記され、現在も大枠は変わりないという。

税務調査のことを税務署内部では「実地調査」と呼ぶが、注目すべきは「実地調査基準」という項目に、相続財産が「２億円以上は入る」と明記されていることだ。

これも公表数字で裏付けられる。

２０１６年に亡くなった人のうち、財産が２億円を超えた人（故人）は１万４９８８人。２年後の２０１８年に税務調査に入った数は１万２４６３件であり、ほぼ同数と言える。翌２０１７年に亡くなった人の場合、１万５８２１人に対して１万６３３５件となり、若干数字が落ちている。

ただし「２億円以上」という基準には地域差があると言われる。税務調査は各地の税務署がそれぞれ行うため、東京都では資産３億円以上でも入らないが、千葉県では２億円で入る——こうした地域差だ。

各税務署の人員には限りがある。相続財産が４億、５億円の故人が多ければ、税務署は３億円の人に税務調査に入る余裕はないが、相続財産の少ない人が多い地域は、１億円、

２億円でも入る。

「税務調査に入るか否かは、各税務署管内の所得構成と、税務署の統括官の判断によって差が出ます。

故人の妻の預金が２０００万円ある時は名義預金かどうかが問題になりますが、富裕層の多い玉川（世田谷区）とか鎌倉の税務署管内では税務調査に入らなくても、金融資産の割合が比較的低い千葉県内とか埼玉県内の税務署では調査に入ることがあります」（武田税理士）

一方で、相続財産の額が基準になるとも言い難い。

「土地をたくさん持っていて相続財産の額が上がる人がいますが、土地は隠すことが難しい。それよりも、金融資産は相続税対策が採りやすく、逆に言えば漏れがある可能性が高い。金融資産の多い人は狙われます」（同）

前述した内部資料（資産税事務実施要領）では、税務調査に入る候補をＡ～Ｅまでの５段階にランク付けすることが明記されている。

秋山税理士はこう説明する。

「税務調査に入る対象をランク付けしているのは事実です。Ａは、増差が多いと見られ税務調査に絶対に入る対象です。B、C……と増差の見込み額が下がり、税務調査に入る優先順位は下がります。もちろん、明らかな申告漏れがあれば財産の額にかかわらず税務調査に入りますが、財産が１億円程度までであれば、税務調査に入る可能性は低いと言えるでしょう」

一罰百戒のために「無申告」へ税務調査

近年は、相続税を申告しなかった相続人に税務調査が入るケースが増えている。理由は「一罰百戒」だという。

２０１５年に相続税の課税ラインが引き下げられて以降、課税対象であるのに「財産は少ない」と自分で勝手に判断して申告しない相続人が増えたと見られる。税理士が口を揃えるのは、税務署としては、「申告しなくても税務調査が入らなかった」という話が広まるのは困るということだ。

実際に無申告者に税務調査が入った件数は、課税ライン引き下げ前の２０１４年は８６８件だったが、２０１８年は１３８０件、２０１９年は１０７７件と、近年は１０００件を超えている。

無申告に対する税務調査の状況

申告により納税する制度の下では、無申告事案は納税者の税に対する公平感を著しく損なう。

加えて、2015年１月に相続税の課税ラインが引き下げられた結果、課税対象であるにもかかわらず、申告しない相続人が増えたと見られ、国税庁は無申告事案への税務調査に力を入れているとされる。

2020年は、新型コロナウイルス感染症の影響で税務調査の数は例年に比べて半減したが、無申告者に対する１件当たりの追徴税額は1328万円と大幅に増加し、国税庁が無申告事案の集計を始めた2009年以降で最高となった。

	2019年	2020年
税務調査に入った件数	1077件	462件
申告漏れを指摘した件数	921件	409件
税務調査に入り、申告漏れを指摘した割合	85.5%	88.5%
申告漏れ課税価格	906億円	455億円
追徴税額（本税）	79億円	50億円
追徴税額（加算税）	18億円	11億円
追徴税額（合計）	97億円	61億円
税務調査１件当たり課税価格	8414万円	9848万円
税務調査１件当たり追徴税額	897万円	1328万円

（国税庁2021年12月）

国税庁もこう明記している。

〈無申告事案は、申告納税制度の下で自発的に適正な申告・納税を行っている納税者の税に対する公平感を著しく損なうものであることから、資料情報の収集・活用など無申告事案の把握のための取組を積極的に行い、実地調査や簡易な接触を活用することで的確な課税処理に努めています〉（２０１９年の「相続税の調査等の状況」より）

課税ライン引き下げのように、大きな改正があった時は改正部分を重点的に調査するという。

税務調査の件数が増えているもう１つは「海外資産」だ。国税庁はこう記している。

〈納税者の資産運用の国際化に対応し、相続税の適正な課税を実現するため、租税条約等に基づく情報交換制度のほか、ＣＲＳ情報（共通報告基準に基づく非居住者金融口座情報）などを効果的に活用し、海外取引や海外資産の保有状況の把握に努めています〉（同）

この中の「ＣＲＳ情報」とは、各国の税務当局が交換している口座情報を指している。

近年、海外の金融機関を利用した国際的な脱税や租税回避が増えている。そこでＯＥＣＤ（経済協力開発機構）は、各国税務当局の間で自動的に情報交換する時の、非居住者の金融口座情報の国際基準「ＣＲＳ」（共通報告基準）を定めた。

この基準に基づいて、各国税務当局は、自国に所在する金融機関等から非居住者が保有する金融口座情報の報告を受け、情報交換規定に基づいて、その非居住者の居住地国の税務当局に対して情報を提供する。

日本では２０１７年１月以降、金融機関等に新たに口座を開設する時は、居住地の国名を記載した届出書を提出することになった。たとえばニューヨークに住むアメリカ人が東京の銀行に口座を開設すれば、その銀行が国税庁に口座情報を報告し、国税庁がアメリカの税務当局へ提供する。

海外資産に対する税務調査の件数は、２０１７年１１２９件、２０１８年１２０２件、２０１９年１００８件となり、申告漏れ課税価格は同70億円、59億円、77億円となっている。

なお、国外に５０００万円以上の財産を持つ人は、年末時点の財産額を申告する「国外財産調書制度」が２０１４年１月に施行されている。

２０１９年分は１万６５５２人の申告があり、国外資産の合計額は４兆２５５４億円に達した。１人当たり３億９９００万円である。内訳は、有価証券２兆４０００億円、預貯金５９００億円、建物４５００億円などとなっている。

この国外財産は年々増えており、申告者数・総額ともに6年連続で増加した（共同通信、２０２１年1月28日）。また申告漏れについては、調書未提出・未記載により加算税が加重された人が４７５人、提出により軽減された人が２１４人に上った（国税庁、２０２１年1月）。

「贈与税」にも税務調査は入る

贈与税の申告漏れについても税務調査は入る。

贈与税は、1年間にもらった額の合計を、受贈者が、翌年2月1日から3月15日までに税務署に申告して納税する。

前述した通り、現在は年１１０万円までの受贈は特例で非課税になるが、勘違いしている人もいるという。この特例は、もらった側が1人１１０万円まで非課税になるもので、贈った側が1人１１０万円まで非課税になるのではない。父親が年１１０万円、母親が年１１０万円を贈与した子供は受贈額が年２２０万円になり、贈与税の支払いが発生する。

この贈与税は、「相続税の補完税」と位置付けられている。

税務当局は、財産の移転については相続税で課税することを基本としている。しかし相

贈与税に対する税務調査の状況

国税庁は、不動産購入、貴金属取引、海外送金などの情報を収集して贈与が行われたことを把握し、税務調査を行っている。

贈与税の場合は無申告が多く、2020年に申告漏れを指摘した件数のうち、82.2％が無申告だった。また、申告漏れを指摘した贈与財産の内訳は「現金・預貯金等」が最多の74.2％を占めた。

なお、2020年は新型コロナウイルス感染症の影響で税務調査の件数は例年に比べて半減した。

	2019年	2020年
税務調査に入った件数	3383件	1867件
申告漏れを指摘した件数	3217件	1769件
税務調査に入り、申告漏れを指摘した割合	95.1%	94.8%
申告漏れ課税価格	218億円	109億円
追徴税額	78億円	37億円
税務調査１件当たり課税価格	643万円	584万円
税務調査１件当たり追徴税額	231万円	201万円

（国税庁2021年12月）

続時に課税されると分かれば、人は亡くなる前に財産の移転を進めるため、贈与税を設けて課税し、補完しているのだ。基本は相続税での課税のため、相続税よりも贈与税を高く設定し、贈与が増えることを止めている。

相続税での課税を基本としているのは、人が亡くなった時の申告を待てばよく、財産の状況を把握しやすいからと言われる。毎年行われる贈与を把握するのは難しい。

そのため税務当局は、贈与については積極的な調査は行っていないとも言われるが、税務当局は日頃から個人資産情報を収集している。親の援助で子供が不動産を購入した時は、親による贈与として税務調査が入ることがあるという。

国税庁もこう記している。

〈相続税の補完税である贈与税についても、積極的に資料情報を収集するとともに、あらゆる機会を通じて財産移転の把握に努め、無申告事案を中心に贈与税の調査を的確に実施しています〉（２０１９年の「相続税の調査等の状況」より）

２０１９年の贈与税にかかる税務調査の件数は３３８３件だった。相続税の税務調査１万６３５件に比べればずっと少ないが、申告漏れを指摘した割合は95・１％にのぼり、事前に申告漏れが把握されていることが分かる。

申告して初めて「相続税ゼロ」に

相続税制では配偶者控除や各種特例があり、財産の評価額が減額されて課税ライン以下になることがある。注意することは、これは相続税の申告書に特例を利用する旨を記載し、申告して初めて相続税がゼロになることだ。申告しなければ、税務署は控除や特例を利用しなかったと見なして、課税ライン以上であれば税務調査に入る。

実際、控除と特例を利用すれば課税ライン以下になった相続人に対し、無申告として税務調査が入り、相続人が国税不服審判所に審査請求を出したが却下されたこともあった。

相続人が制度を知らなかったために税務調査に入ることもある。

秋山税理士が税務署の調査官だった時、役所から回って来た固定資産税評価証明書に記載されている建物が、相続税の申告書では記載されていなかった相続案件がある。固定資産税評価証明書に記載されていたのは古い建物ではなく、評価額２８００万円のそれなりに価値のある家だった。しかし秋山税理士が現地へ行くと、更地だった……。

「ああ、あの建物ですか……」

秋山税理士が相続人（故人の長男）を訪れると、相続人はこう漏らした。

亡くなった父親は5年前に西洋風の派手な別宅を建てて大変気に入っていた。しかし家族は全員気に入らず、父親が亡くなってすぐに取り壊していた。

「相続財産は亡くなった時点で所有していた財産であり、死亡後に取り壊しても課税対象です。長男は課税逃れを考えたのではなく、ただ単に取り壊して有効利用しようと考えただけのようで、聞いた時にすぐに答えてくれました。父親が亡くなる前に取り壊しておけばよかったのですが、それは無理だったのでしょう。申告の際、担当した税理士が把握していたのかは分かりませんが……」（秋山税理士）

長男は説明を聞くと、「いらない建物にまで相続税をかけるのですか？　納得できません」と猛烈に怒り出したが、課税は免れなかった。

「２８００万円の申告漏れは、最低税率の10%でも２８０万円課税できます。現地を見て、相続人に確認するだけで課税できたため調査官としては美味しい調査でした」（同）

調査官が臨宅して聞くこと

東京国税局で調査官を務めた阿保秋声税理士によると、税務調査で調査官が尋ねる「定番の質問」は次のようなものがある（丸カッコ内は真意）。

「故人はどのくらいの期間、入院していましたか？」（入院中に預金が下ろされたかを知るため）

「お子さんはどこにお勤めですか？」（収入に対して預金残高が妥当か判断するため）

「故人は1カ月の生活費をどのくらい渡してくれましたか？」（妻のヘソクリを探すため）

「申告した他に、取引のある銀行はありますか？」（口座をすでに把握し、虚偽の説明を引き出すための時もあれば、ハッタリで聞く場合もある）

阿保税理士はこう説明する。

「調査官には蓄積されたノウハウがあり、刑事と同じです。相続人にあの手この手で聞くと、ポロッと漏らすもの。妻に多額の預金があった時に、『お父さんが持っていていいと言いました』と答えることもある。故人の人となりも聞くし、タンスを開けることもあるし、冷蔵庫の中に大事な印鑑を隠していることもあります」

岡田税理士は国税局の特別国税調査官として、政治家、自治体の首長、富裕層の財産を調べてきた。

「昔は、実地調査に行くと、まず仏壇にお線香をあげ、その間に相続人の人となりや室内を見ます。カレンダーやマッチを見れば取引銀行や取引会社が分かります。

仏壇の中には大事なものが隠されている可能性が高く、仏壇の中を見ることができるかどうか。それにタンスの中、冷蔵庫の中。大事な印鑑を瓶に入れて冷蔵庫の中に隠している人もいるのです」

しかし近年の税務調査は変容しているという。阿保税理士は「税務調査は次第にマニュアル化され、調査官が育たなくなったと思います」、岡田税理士は「今は、調査官は家の中を見て回ることなく、帳簿を見るだけの場合も多いようです」と話す。

岡田税理士は税理士になって立場が逆転し、今は、税務調査を受ける相続人に立ち会っている。

「税務調査は原則として任意のため、見せたくなければ見せなくてもいいのです。調査官の立場から見れば、それを説得して見せてもらうことができるかどうか。逆に、税務調査に立ち会う税理士から見れば、〝やらせないこと〟が鉄則です。

税務調査に立ち会う税理士の7、8割は、調査官の言いなりになります。しかし私は言いなりにはなりません。玄関先で対応し、家の中をウロウロさせません」

税務調査（実地調査）で申告漏れが見つかれば、修正申告を迫られる。

「調査官は実地調査後、税務署での決裁を経て修正申告を通知してきますが、最近は決裁に時間がかかることが増えています。修正申告まで時間がかかれば延滞税がその分増えるので、そのような時は、私は通知を待たずに修正申告してしまいます」（岡田税理士）

申告から2年が過ぎ、忘れた頃に調査官が来て、数十万円、時に100万円以上を追徴課税してくる。経験者に聞くと、精神的にも金銭的にも本当に痛いものだという。税務署の情報収集能力は高く、税務調査は10人に1人の割合で入り、税務調査が入ればほぼ間違いなく追徴課税される。しかし、申告を間違えなければ税務調査が入ることはなく、入ったとしても、税理士の対応次第で余計に課税されることはない。

第6章　認知症と相続

被相続人が認知症になれば相続対策は一切できなくなるが、多くの家族は放置している。

高齢化の進行により認知症患者は増え続け、２０２５年には高齢者の５人に１人、７００万人に達するという予測もある。認知症は相続に大きく影響するため、事前に対策を採ることが重要だが、多くの家族は放置し、問題が起きた時に後の祭りであることを知る。認知症が絡んで起きる問題は数多い。また、認知症対策として成年後見制度の利用があるが、新しい対策として家族信託が注目されている。

長期間の空き家となる原因

認知症――今、相続に詳しい税理士が口を揃えてこの問題に言及する。

秋山清成税理士はこう強調する。

「認知症になれば銀行口座から預金を下ろすことができず、マンションを持っていても売ることができず、相続に関しては生前贈与などの対策は何もできなくなります。そして認知症になれば相続に関係して様々なトラブルが起きます。これは深刻な問題ですが、多くの人は何の対策も採っていないのが現状です」

東京・世田谷区に住む56歳の男性サラリーマンの両親は、自営業を引退して店舗兼住宅

を人に貸し、近所に２ＬＤＫのマンションを購入して２人で暮らしていた。

数年前から母親の足腰が弱くなり、１人でトイレに行くことができなくなった。父親には母親を支える体力がないため、母親は82歳になった２０１７年夏に老人ホームに入り、父親はマンションで１人暮らしになった。１年後、母親は空きが出た近所の特養（特別養護老人ホーム）に移った。


男性が振り返る。

「その後、母親は特養で倒れてクモ膜下出血を起こし、腸に大きな穴が空いていることも分かりました。手術は回避できましたが、そのまま寝たきりになってしまいました。

母親は、時によって反応が異なるようになりました。生まれた孫の写真を見せると喜んで『名前は？』と聞いてきましたが、呼び掛けに反応しないことも増えました。父親のことはよく認識できていましたが、私のことは分からないことが多くなりました。カラオケと旅行が趣味で元気だったのに、あっという間に認知症が進みました」

１人暮らしになった86歳の父親も認知症のような症状が出始めた。

母親のいる特養へ自転車で30分ほどかけてほぼ毎日通っていたが、一方で、郵送されてくる書類の内容が理解できなくなり、日中着ていたジャケットのままで寝るようになった。部屋は散らかり、臭気が酷くなったため、男性の妻が料理を持参して掃除するようになった。1人暮らしが難しくなれば男性が引き取ることになっているが、父親は「まだ大丈夫」と言っている。

この時点で予想される問題の1つは、父親が1人で住んでいるマンションが、5年、10年と空き家になってしまう可能性があることだ。認知症になって意思能力が失われると、マンション売却などの法律行為ができなくなる。マンションは母親名義であり、母親はすでに意思能力がないと見られるため、マンションの売買契約書にも賃貸契約書にもサインできない。男性が父親を迎え入れればマンションは空くが、母親が亡くなって父親または男性が相続してマンションの所有権が移るまで、貸すことも売ることもできないのだ。認知症になって5年、10年と生きる人は珍しくなく、長期間、空き家になる可能性がある。

この問題は至るところで起きているという。

「1人暮らしの高齢者が施設に入る時、自宅を処分して施設に入るのは3割と言われています。残り7割は、自宅に戻るつもりだったり、大事な生家を売る気持ちになれなかったりして、自宅をそのままにして施設に入り、認知症が進んで家を売ることができなくなります。施設に入って10年生きれば10年間空き家になる。全国で空き家が増える一因になっているのです」（都内の不動産会社社長）

相続対策は一切不可能に

相続対策の多くは財産の贈与や名義変更などの法律行為を伴う。男性の場合、母親は認知症が進行し、早晩、父親も認知症と診断される可能性が高い。相続対策を講じることがほぼ不可能だ。

男性は結婚した後、父親が所有する実家近くの土地に一戸建てを建てて住んでいる。父親が亡くなれば土地を相続する予定だが、生前対策を打たなければ多額の相続税がかかる。

男性は嘆息する。

「父は、数年前まで相続対策をするつもりで『お前たちに迷惑はかけねえ』と言っていました。実際に一度は税理士に相談したのですが、そのまま立ち消えになり、今は『オレが死んだらやってくれ。面倒くせえ』と言い出した。もう何もできないでしょう」

認知症は、男性が相続する時にも影響する。

父親が先に亡くなった時、相続人は母親と男性になるが、母親はすでに意思能力がないため遺産分割協議書に押印できない可能性が高い。母親が先に亡くなった場合でも、父親が認知症になっていれば同様だ。

実際には、相続人が認知症になっても押印させることが少なくないという。しかし相続人の間で合意できていれば問題ないが、相続争いが起きていれば、相続人の1人が、別の相続人について「意思能力はなかった」として遺産分割協議の無効を求める可能性がある。

認知症発症寸前の養子縁組

相続を一度経験して役に立ったという女性がいる。


都内に住む40代の独身女性は、父親が亡くなり、地方の実家で1人暮らしをしている母親と、都内のマンションで1人暮らしをしている母方の祖母がいる。

母親が遠くに住んでいるため、女性は祖母の家に通って面倒を看て、祖母が入院した時は費用を負担した。祖母が2年前に施設に入ると、女性は定期的に施設へ行って祖母と面会し、祖母のマンションの部屋を管理するようになった。母親も、時々上京しては祖母に会いに行くようになった。

その祖母は90歳を超えると認知症が進みはじめた。

祖母の様子を見て、女性は祖母の戸籍を確認した。父親が50代で急死した時、女性は母親に代わって相続手続きのほぼすべてを担ったため、相続に関する知識があったためだ。

祖母は90代、母親は80代と年齢が近いこともあり、女性は2人が実の親子ではないことは知っていたが、詳しい事情は聞かされていなかった。母親に改めて聞くと、祖母は祖父の後妻にあたり、母親は先妻の子供だという。

女性が戸籍を確認しようと思ったのは、2人の法律上の関係を知るためだった。戸籍を見て嫌な予感は的中した。祖母と母親は養子縁組しておらず、母親に相続権がないと分かったのだ。祖母には相続人がおらず、祖母が亡くなればその財産は国庫に納められてしまう。

2人が養子縁組すれば母親は相続人となり、祖母のマンションと預貯金を相続できる。問題は祖母の認知症が進みつつあることだった。司法書士に相談すると、養子縁組できるだけの意思能力があるかどうかは、要介護度などの数字で判断されるものではなく、個別、具体的に判断されると教えてくれた。また役所へ行って調べ、成人同士の養子縁組は、お互いの意志があれば未成年を養子に迎えるより簡単であることを知った。
「これを知った時点で、祖母とはコミュニケーションが取れていたので、すぐに母親に連絡して上京してもらい、2人で祖母に面会に行きました」（女性）
女性が祖母に話すと理解してくれた様子だったため、施設の職員に事情を話して念のために立ち会ってもらい、無事に養子縁組を結ぶことができた。祖母は、その半年後に明らかに意思能力を喪失した。
「父親の相続手続きを経験していなければ、認知症が進みはじめた祖母を見て、戸籍を確認しようなんて思わなかったでしょう」（女性）

認知症により凍結される資産は215兆円

認知症になればその人の銀行口座は凍結される。

第一生命経済研究所の星野卓也氏は、認知症の人の資産動向を調査し、凍結される資産の額を算出した。

その額は年々増えている。1995年時点では49兆円だったが、2005年には101

兆円、２０１５年には１２７兆円に上り、２０３０年には実に２１５兆円に達する見込みだ。国民の家計の金融資産に占める割合も年々上昇し、２０３０年には10・４％と１割に達するという。

そもそも家計の金融資産は60歳以上の世帯が６割以上を保有している。高齢者に資産が偏在し、高齢化が進んで認知症が増えれば、巨額の資産が凍結されてしまう。

星野氏が説明する。

「これだけのお金が消費に回ることなく、投資も行われないのは経済成長に大きなマイナスです。何より個人のレベルで、子供や孫が困っていても親がお金を使えないという問題のほうが深刻でしょう。凍結されてしまう前に親が子供や孫に資産を移転すべきですが、相続税に比べて贈与税は税率が高く、なかなか進みません。政府内でもこの問題は度々指摘されていますが、促進策の立案は遅々として進まないのです」

あるベテラン税理士は、「税務当局が贈与税の税率を下げることを嫌がっている」と話す。

前述の通り、税務当局は相続税での課税を基本として、その補完税として贈与税を設け、贈与税の税率のほうを高く設定している。贈与税の税率を引き下げれば生前の財産移転は進むが、税務当局にとっては課税が難しくなる可能性がある。

意思能力がなくなった時は、成年後見人をつければ財産を処分できる。しかし現状の後見制度では、被後見人（本人）が生活していく上で必要な財産を処分できるだけだ。株や投資信託などリスク性資産に投資することが認められないのは当然としても、子供や孫への生前贈与も認められないため、財産の移転は進まない。

さらに、資産の移転に関しては社会保障制度の問題もある。

老後資産２０００万円問題――金融庁が２０１９年６月、夫婦が老後30年を暮らしていくためには「年金収入の他に２０００万円必要」というレポートを公表して物議をかもしたことは記憶に新しい。

総務省「家計調査」（２０１８年）によれば、夫・サラリーマン、妻・専業主婦の老後世帯では、月22万円の年金収入に対して支出は月27万円で、毎月5万円超の赤字が出る。これが30年間続けば赤字額は約２０００万円に上るため、老後を迎えるまでに２０００万円を貯めておく必要があるという理屈だった。

少子高齢化が進んで年金財政が悪化するなか、政府は、すべての世代の年金給付額を一律に削減するマクロ経済スライドを採用し、年金給付の抑制を進めている。そして「公助から自助へのシフト」を打ち出し、国民に対して老後のための資産形成を促している。

星野氏はこう話す。

「この仕組みでは亡くなるまで資産が必要になります。何歳まで生きるか分からない長生きリスクを抱えれば、高齢者は自身の生活のために資産を確保しようとして、子供や孫への財産の生前贈与に消極的になるでしょう。

マクロ経済スライドの対象を、給付水準から支給開始年齢に移行することを検討するべきです。高齢期の前半は自助を促し、就労が難しくなる人生終盤の社会保障は維持するのです。人生終盤は年金だけで生活できるようになれば、生前贈与に踏み切りやすくなるでしょう。そのためには、年金の支給開始年齢の引き上げに合わせ、高齢者の就労環境の整備を進めることが不可欠です」

子供が親の預金を引き出してトラブルに

「親が認知症になったが、預金は下ろせるのか？」――今、銀行の窓口ではこの問い合わせが増えているという。

「銀行は、預金者の意思能力がなくなったことが分かれば口座を凍結するため、下ろせなくなります。しかし意思能力の有無は、家族が銀行に伝えるか本人が銀行の窓口に来なければ分かりません。多くの家族は、銀行に伝えずに本人のキャッシュカードを使ってＡＴＭで預金を下ろしているようです……」（地銀行員）

しかし家族の１人が勝手に預金を引き出すことはトラブルの要因になる。

父親と同居して面倒を看ていた長男が、父親が亡くなるまでの１年間で、父親の口座から１０００万円を軽く超える額を下ろしていた。

父親が亡くなった後、長女は父親の通帳を見て、１回50万円、１００万円と高額のお金が下ろされていたことを知り、怒り心頭に発した。

長女が問い詰めると長男は「介護のために使った」と主張した。長女が納得できないでいると、長男は「お前も（親の金を）散々使って来ただろう！」と言い出し、収拾がつかなくなった。

阿保秋声税理士が振り返る。

「2人は話し合いでは解決できず、長女が裁判に訴え、長男が下ろした額の半分を長女に支払うことになりました。裁判で決着するまでに時間がかかり、長男にはまとまった現金がなくなっていて、土地の一部を売ってお金を工面しました。売れる土地がなければどうなっていたか……」

親の預金を下ろす時の注意点を、相続に詳しい本橋光一郎弁護士が話す。

「介護にはお金がかかることもあり、金額だけで不正かどうかを判断することはできません。それに適切に使っていても他の兄弟姉妹の理解を得られないことが多いです。使った分は家計簿に付けたり領収書を取っておくべきです。全部取っている人は案外少ない。

他方、親が自分で預金を管理できないという理由で兄弟姉妹の1人が管理している時、どうしても信じられないなら、成年後見人や保佐人・補助人の選任を家庭裁判所に申し立てるしかありません。子供の1人が後見人等に選任されても家庭裁判所への報告義務があるため、勝手なことはできないでしょう」

認知症の人の預金引き出しについては金融庁も問題視している。

金融庁の金融審議会は、「例えば医療や介護など明らかに本人のための支出であり、病院に医療費を金融機関が直接振り込むなど、手続が担保されているのであれば、（略）本人に代わって取引を行う者であっても、手続を認めるなどの柔軟な対応を行っていくことが顧客の利便性の観点からは望ましい」として、「業界団体における指針の策定」を求めた（２０２０年８月公表）。

相続後にトラブルが起きることも

オレオレ詐欺など高齢者を狙った事件が増えている。明確な犯罪でなくても、高齢者の資産を狙う〝ビジネス〟は多い。

自営業の男性の父親（70代後半）が大ケガをして入院した。退院してもしばらく不自由な生活を送ることになったため、男性は、父親が1人で暮らしていた実家へ行って部屋を整理することになった。

クローゼットを開けると、ブランド物のジャケットがズラリと並んでいた。すべて同じブランドで、1着10万円近くする。脇にはそのブランドの紙袋が山積みになっていた。父親は定年退職して長く、ブランド物のジャケットなど必要ない。ブランド物を着るような人でもなかった。

男性が話す。

「父親にそれとなく聞くと、百貨店に出店しているそのブランドの女性店員と親しくなり、女性から案内が来るたびに出かけてジャケット等を購入していたことを知りました。父親が自分の財産をどのように使おうと自由ですが、釈然としません」

別の例で、都内に住む50代前半の男性サラリーマンは、長崎県に住む両親のことを心配している。こちらはブランド物を買わされるより深刻だ。

90歳の父親は認知症が進行して1年前に施設に入り、同じ年の母親は1人で暮らしている。

父親が施設に入る前、近所の居酒屋から30万円請求されたことがあった。居酒屋の店主は母親に、「お父さんは店の客全員にご馳走した」と言った。それまで父親がその店に行ったことはなく、母親は店主の言い分を信じなかったが、言われた通りに30万円支払った。母親は男性に、「あのお店は怖いから払うしかなかった」と漏らした。

男性が話す。

「母親は1人で生活できていますが、私が知っている限り、1人暮らしになってから80万〜100万円のリフォーム詐欺に3回遭っています。母親が心配だし、できるだけ実家に帰りたいのですが、往復の飛行機代が高く、毎月は無理。母親が要介護認定を取れば、私が様子を見に行くための交通費が補助されると聞いて申請しましたが、体が元気だという理由で認定が取れませんでした。90歳を過ぎても、リフォーム詐欺に遭っても、介護認定を取れないのです」

親が亡くなって相続手続きを終えた後に親の高額契約が判明し、子供が請求されることもある。認知症が進行して意思能力がなくなっていれば法律上は契約は無効となるが、現実的には解決することが難しいという。

介護問題に詳しい外岡潤弁護士が話す。

「意思能力がなかったことを、診断書や介護の記録など明白な証拠で示せない限り、一度契約してしまえば解約することは難しい。

契約や借金などの負債の請求時効は5〜10年で、相続税の申告期限（死後10カ月以内）よりも長く、相続手続き終了後に負債が判明する場合もあります。判明して3カ月以内であれば相続放棄することはできますが、相続を終えた後に放棄することは大変です」

意思能力がなくなれば成年後見人の選任を申し立て、成年後見人に財産の管理を任せることができる。成年後見人がついていれば、本人が何らかの契約書に署名しても無効になる。しかし成年後見制度にも問題はある（詳しくは後述）。

「成年後見人が財産を管理するので、被害を防ぐことはできます。しかし法律に基づく成年後見制度は融通が利きません。後見人には絶対の権限があり、たとえば、1人暮らしで火の始末が危ないという理由だけで施設に入れられることもある。認知症になったからといって後見人をつける義務はなく、簡単にあきらめずになるべく家族同士の協力で幸せになる方法を探すべきです」（外岡弁護士）

対策を怠って住む家を失った妻

高齢化が進んで子供が親より先に亡くなったり、子供が先に認知症になったりすることも増えている。

80代の父親が亡くなり、50～60代の息子4人が相続人になった時、長男は入院して認知

症が進みはじめていた。認知症になって意思能力がなくなれば遺産分割協議書に押印できない……。

子供の1人はこう話す。

「税理士に相談すると、押印できるかどうか微妙とのことでした。成年後見人をつければ押印できますが、つければ、亡くなるまで後見人に報酬を支払うことになります。そういう負担を兄にかけさせたくないと兄弟では話しているんです」

兄弟の仲は良く、遺産の分配自体は話がついているが、税理士にはこう警告された。

「相続人同士が合意できていても、配偶者などの家族が出てきて合意に反対することがよくあります。認知症の疑いのある相続人が押印した時、他の相続人の家族が異議を申し立てて争いになる可能性があるのです」

子供が先に亡くなったために深刻な事態が起きることもある。

父親の面倒を看て、父親が亡くなれば家を継ぐ約束の下、60代の長男が、妻と子供とと

もに80代の父親の自宅で同居をはじめた。

長男には妹と弟がいるため、将来の相続争いを心配した父親は「家の名義を今のうちに（長男に）変えておきなさい」と言っていた。

親から子に不動産の所有名義を変えるのは贈与となり、受け取る側の長男が贈与税を支払う必要がある。自宅の評価額は約１５００万円で、贈与税は３００万円を超えることが分かった。払えない額ではなかったが、長男は、忙しさにかまけて名義変更をズルズルと先延ばししていた。

そうこうしているうちに父親の認知症が進みはじめた中で、突然、70歳を過ぎた長男が亡くなった。亡くなった直後、音沙汰のなかった60代の妹が突然家に来て、父親を連れ出してしまった……。

秋山税理士が振り返る。

「妹が現れたのは、父親が長男の妻やその子供に自宅を贈与することを防ぐためだったのでしょう。妹の夫は一流企業の社員で、お金に困っていたとは思えません。長男の妻に自宅が渡ることが、ただただ嫌だったのです。

妹が家に来た時、祖父を慕っていた長男夫婦の子供もいました。強引に連れて行かれる祖父を見て子供が泣き叫び、修羅場になりましたが、父親は事情を理解できず、妹の言いなりに連れて行かれたそうです」

これにより、長男の妻は将来住む家がなくなってしまった。

父親の相続人は、長男夫婦の子供（長男が亡くなっているため子供が代襲相続する）、長男の妹と弟の3人であり、長男の妻は相続人ではないため財産を相続することができないからだ。

父親の財産は、評価額1500万円の自宅の他は預貯金が500万～600万円程度。計2000万円として、法定通り3人が均等に相続する時は自宅を売って分配することになり、長男の妻は住む家を失ってしまう。

秋山税理士はこう強調する。

「高齢化が進む今は、順番通りに人が亡くなるとは限らず、将来の約束も当てになりません。長男は、生きている間に贈与税を払って自宅の名義を変えておくべきでした。そうすれば長男が亡くなった時、長男所有の自宅として妻と子供が相続できたのです。

贈与税は確かに高いです。しかし、300万円を超える贈与税を払ってでも1500万円の自宅を手に入れる、と考えるべきでした」

酷いことに、妹は父親を連れ出しても面倒を看ることなく、早々に施設に入れてしまった。

「長男の妻は、家の名義を長男に変えておかなかったことを、悔やんでも悔やみきれない様子でした」（同）

現実的効力のない「特別寄与料請求権」

長男夫婦が父親と同居すれば、面倒を看るのは長男の妻になることが多いだろう。父親が介護状態になれば負担は大きく増す。にもかかわらず、長男の妻は義父の相続人ではないため、遺言書で「長男の妻に財産を渡す」とでも書いてくれない限り、見返りはない。

相続人が介護していれば、相続時に貢献を加味して財産の分配額が増える「寄与分制度」はあるが、長男の妻は対象ではない（民法９０４条）。

２０１８年の民法改正時にこの問題も検討され、「特別寄与料請求権」という新しい制度ができて、２０１９年7月に施行された。故人の介護などをした「親族」は、相続人に対して介護等の貢献分を請求できる。新設された民法１０５０条の骨子は以下の通り。

「被相続人に対して無償で療養看護その他の労務の提供をしたことにより被相続人の財産の維持又は増加について特別の寄与をした被相続人の親族は、相続の開始後、相続人に対し、特別寄与者の寄与に応じた額の金銭の支払を請求することができる」

特別寄与料を請求できる「親族」は、「6親等内の血族」「配偶者」「3親等内の姻族」であり、長男の妻も含まれる（民法725条）。

しかし現実には、特別寄与料は簡単には得られない可能性がある。

「この制度は、相続人に対してお金を請求できる権利でしかなく、相続人が支払いを拒否すれば裁判に訴えるしかありません。裁判になれば詳細な介護記録（証拠）の提出を求められますが、大変な介護の中で詳細な記録を取る余裕はありません。それに、真面目に介護する人ほど、裁判に訴えてまでお金をもらおうとはしないでしょう」（秋山税理士）

前述の家を失った長男の妻のケースで言えば、義父の介護を続けた長男の妻は、相続人である長男の妹と弟に対して特別寄与料を請求できる。しかし、父親を強引に連れ出して施設に入れてしまった妹に請求しても、妹は絶対に払わないだろう。

特別寄与料請求権の新設に際しては、当初、長男の妻などがより有利になる方向で議論が進められた。しかし「審議の中で、嫁が義父を介護するのは当然という国会議員たちの〝伝統的な家族観〟が影響して内容が後退した」と話す税理士もいる。

遺言書と意思能力の関係

近年、相続対策として遺言書を作成する人が増えてきたという。これに認知症が絡めば、その「有効性」を巡る争いが起きる。

たとえば父親が、同居して面倒を看てくれている長男に「財産をすべて渡す」と遺言書に書けば、次男は、離れて暮らして何の面倒も看ていなくても不満が募り、父親の意思能力を疑うこともある。

遺言を巡る裁判を数多く手掛け、相続に詳しい篠田大地弁護士が説明する。

「この場合は次男が、相続が発生した時に『父親は遺言書を作成した時には認知症で意思能力がなかった』と主張して遺言書の無効を訴えることがあります」

争いが泥沼化することもある。

「父親が長男、長女、次女……と兄弟姉妹の家をたらい回しされ、その都度、同居中の親族に有利な遺言書を書いてしまうケースもあります。法律上は最新のものが有効ですが、その間に認知症が進んで意思能力を失ってしまった場合は、どの段階で書いた遺言書が有効なのかが争われます」（篠田弁護士）

法律の専門家である公証人が作成し、財産の額に応じて数万、数十万円と手数料がかかる公正証書遺言の場合は、公証人が意思能力をきちんと確認してくれると考えがちだ。しかし、公正証書遺言の有効性を巡って東京地裁が２０１６年1月に出した判決では、次男が、意思能力のない親（被相続人）を公証人役場へ連れて行き、「次男の意図通りに遺言書が作成された」として公正証書遺言を無効とした。こうした無効判決はいくつも出ているという。

篠田弁護士が説明する。

「認知症を理由に遺言書の効力を争う裁判は山ほど起きています。認知症には段階があり、意思能力の有無の判断は難しい。要介護度や認知症の診断テストの点数で機械的に決められるものでもありません。裁判をしてみなければ結果が分からないケースもあり、裁判官によって判断が分かれることもあります」

遺言書を作成する際、認知症を理由に後に無効を主張されることを防ぐための対策を、篠田弁護士が続ける。

「何年も過ぎてから、遺言書を作成した時に遺言能力があったことを証明することは難しいです。そのため、遺言書を作成する当日に医師の診断を受けて遺言能力があることを証明しておくとか、公正証書遺言を作成する時にビデオで撮影しておくとよいでしょう」

高齢者の結婚と養子縁組

高齢の親が突然結婚したり、見知らぬ人間を養子にしたりすると、子供たち（相続人）にとっては相続できる財産が減るという問題が起きる。

結婚すれば配偶者となり、財産の半分を相続できる権利が得られ（相続人が配偶者と子供の時）、養子になれば実子と同様に相続できる。

「どうしても結婚したい」「養子にしたい」と思った親が、子供たちに配慮し、遺言書を書いて新しい配偶者や養子を財産分配対象から外したとしても、配偶者にも養子にも一定の財産を相続できる権利がある（遺留分）。

本橋弁護士はこう話す。

「結婚も養子縁組も、どちらも新たに相続人ができるために影響が大きく、子供らが、親の認知症を理由にして結婚や養子縁組の無効を訴えることもあります」

養子の問題については、制度が改正されたことに留意する必要がある。

相続では、相続人１人につき６００万円が課税対象財産から控除される。２人で１２００万円、３人で１８００万円、５人で３０００万円になり、相続人が増えれば節税できる額が大きくなる。そのため昔は節税を目的として、５人、10人と親族を養子にすることもあった。

現在も養子にすること自体に人数制限はないが、相続税制が改正され、相続税の算出では、実子がいる場合は養子１人まで、実子がいない場合は養子２人までしか控除対象にならなくなり、節税効果は減退した（相続税法15条）。

高齢者が結婚することにより、一族から財産が失われてしまうこともある。

先祖代々の財産を受け継いできた50代の兄弟がいる。

父親が亡くなった時は兄がほぼすべて相続したが、兄は独身で子供もいない。兄が先に亡くなれば弟が相続し、弟が先に亡くなっても弟の子供が代襲相続人として相続するため、

先祖代々の財産は守られる。その兄が突然、子供のいる女性と結婚したいと言い出した。

兄が結婚して亡くなれば、法定相続では新しい妻が４分の３、弟が４分の１を相続することになる。しかも相手には息子がいる。兄が息子と養子縁組すれば、新しい妻が半分、息子が半分を相続して弟には相続権がなくなり、一族の財産は新しい妻のものとなってしまう。

もちろん周囲は兄の結婚に反対し、兄は結婚に踏み切っていないが……。

利用が増えない成年後見制度

認知症などで意思能力を喪失して法律行為を行えなくなった時は、「成年後見人」をつけて財産の管理を任せることができる。

成年後見人は、本人や親族などが家庭裁判所に申し立て、本人の意思能力の程度によって「後見人」「保佐人」「補助人」の３種類に分かれて選任される。

選任された成年後見人は、本人の不動産・預貯金・有価証券等の財産を一覧表にした「財産目録」を作成して家庭裁判所に提出する。また本人の年金等の収入と、医療費や税金などの支出を把握した上で収支の予定を立てて「本人予算収支表」を作成する。

日常では、本人の預金通帳を管理し、金銭出納帳を付けて領収書を保管し、使途を明確にする。必要に応じて介護サービスの利用や施設への入所などの契約を本人に代わって行う。そして、家庭裁判所や監督人から求められれば財産管理状況を報告することになっている。

問題の1つは、成年後見人は本人の財産を厳しく管理することが求められ、本人の生活を維持する以外には財産を投じることができないことだ。

裁判所は禁じている例として、（1）本人を借金の保証人としたり、本人名義の不動産に担保権を設定したりすること、（2）元本割れのリスクを伴う金融商品を購入するなど財産を投機的に運用すること、（3）本人の財産を贈与、貸付けするなど本人以外の者のために財産を使用すること、を挙げている。

この（3）により、親が子供に財産を生前贈与することはもちろん、何らかの援助すらできなくなる。

家族から見れば成年後見制度の評判は芳しくなく、後見制度に関わったことのある人たちは口々にこう話す。

成年後見制度の状況

成年後見制度利用者数は23万9933人	
（2021年12月末時点。前年比で3.3%増加）	
〈内訳〉	
成年後見	17万7244人
保佐	4万6200人
補助	1万3826人
任意後見の利用者数は2663人	
（任意後見は効力が生じている数）	

本人と成年後見人の関係

件数	3万9571件（2021年1月〜12月）	
成年後見人が親族	7852件	（19.8%）
成年後見人が親族以外	3万1719件	（80.2%）
親族以外の内訳		
司法書士	1万1965件	
弁護士	8207件	
社会福祉士	5753件	
市民後見人	320件　など	

成年後見開始の原因は、認知症が最も多く63.7%を占め、知的障害9.6%、統合失調症9.1%と続く。

（最高裁判所事務総局家庭局2022年3月）

「財産を減らさないことが目的になり、とにかくお金を使えない」
「本人に財産があって子供や孫が困っていても援助すらできないし、孫にお年玉さえ出してもらえない」
「後見人は子供などの親族に対する報告義務はなく、聞いても何も教えてくれない」等々。

加えて、成年後見人には裁判所が決める報酬の支払いが必要となる。東京家裁などが示している目安では、本人の流動資産が１０００万円以上あれば月額３万～４万円、５０００万円以上あれば月額５万～６万円かかり、本人の財産から支払われていく。

成年後見制度の利用は進んでいない。成年後見を始める原因の約64％は認知症であり、認知症人口が５００万人を超えたと言われるなか、利用者は約24万人しかいない（２０２１年12月末）。

家族から見た時の不満としては、見ず知らずの第三者が成年後見人に選任されることも挙げられる。第三者が報酬を取り、何も教えてくれず、財産を使うことができなければ、家族は選任を申し立てる気にならないだろう。

しかしそれは、子供などの親族が成年後見人に選任された時、財産横領などの不正を犯すことが多いという理由がある。

後見人の不正件数と被害額は、２０１５年以降の６年間で、５２１件（29億７０００万円）、５０２件（26億円）、２９４件（14億４０００万円）、２５０件（11億３０００万円）、２０１件（11億２０００万円）、１８５件（７億９０００万円）と推移している。親族が後見人に選任される割合は２、３割と低いにもかかわらず、親族等による不正の割合は17年以降の３年間で全体の96％、93％、84％とほぼすべてを占めている。

このため近年、裁判所は親族以外の第三者を後見人に選任する傾向を強めている。２０２１年に選任された成年後見人の内訳は親族が19・８％でしかなく、親族以外は、司法書士30・２％、弁護士20・７％、社会福祉士14・５％となっている。

新しい相続対策としての家族信託

近年、認知症対策として「家族信託」（民事信託）が注目されるようになった。人が他人に財産の管理・処分を託す「信託」は、これまで信託銀行が営業として行うなど「商事信託」が基本となって来たが、２００６年に信託法が改正されて「家族信託」ができるようになった。

家族信託とは、文字通り家族に信託することだ。たとえば父親と長男が信託契約を結び、長男が信託を受けて父親の財産を管理・処分する契約である。

代表的なものとして賃貸アパートが挙げられる。家族信託に詳しい坂尾陽弁護士が説明する。

「投資用や節税用に賃貸アパートを購入する高齢者が増えています。数年もすると、所有者が認知症になって管理も売却もできなくなる問題はいたるところで発生するでしょう。所有者である父親が子供と信託契約を結んで管理を託せば、父親が認知症になっても子供がそのまま管理を続け売却もできるのです」

法律上、家族信託は3者で構成され、この場合は父親が「委託者」、子供が「受託者」、賃貸アパートの家賃を父親の口座に入れれば父親が「受益者」となる。

受託者は賃貸アパートだけではなく、様々な財産の管理または処分ができる。また親子間だけではなく、兄弟でも信託契約を結ぶことができる。

「相続人である子供がまだ若かったり、浪費癖があって一度に財産を渡したくなかったりする時に、信託契約を利用して資産の運用益だけを定期的に渡す方法があります」（同）

会社を経営し、自宅の他に賃貸マンションを所有している資産家の父親に、長男と次男

がいた。会社は長男が継ぐことが決まっていた一方、次男は兄に任せきりで金遣いが荒く、借金もあった。

父親が亡くなった時、長男が会社の株を、次男が自宅と賃貸マンションを相続した。この時、長男と次男が信託契約を結び、長男が賃貸マンションを管理して次男は家賃収入を得ることになった。

次男が浪費して自宅と賃貸マンションが失われてしまうことを防ぎ、次男には遺産が少しずつ渡るようにしたのだ。

「これは兄弟の仲が良好で、長男に任せてもいいと次男が了承したため可能でした。長男が次男の同意を得ずに進めれば揉めるでしょう」（坂尾弁護士）

中小企業経営者の多くが会社の承継に悩んでいる。子供が別の仕事に就いていて後継者がいないという問題もあるが、子供が複数いて会社の株を誰に相続させるかの問題も大きい。

「兄が会社を継ぐことが決まっている時、兄弟が均等に会社の株を相続すれば、将来、経営を巡ってトラブルが起きる可能性がある。中小企業は会社を継ぐ人間が株をすべて相続したほうがいいのです。他の兄弟が他の財産を相続できればいいのですが、それができない場合、会社の株を兄弟で分けるのではなく、経営に関わらない他の兄弟は株の配当権を得たりする方法もあります。

家族信託は、財産の処分権を与えないなど遺言書では出来ないことも出来るし、遺言書に比べて柔軟に設定できます」（坂尾弁護士）

また、代々続く「家」の財産が散逸してしまうことを防ぐこともできる。

夫婦に子供がいない時、夫が亡くなれば妻がすべての財産を相続し、妻が亡くなれば、妻の兄弟姉妹またはその子供達が財産を相続することになる。夫が代々の本家として住宅を所有していたり、高額の物を所有していたりした時は、夫の家系からそれが失われてしまう。家族信託を利用すればそれが回避できる。

坂尾弁護士が説明する。

「遺言書では遺産を贈る人を指定できますが、その遺産の次の贈り先までは指定できません。しかし信託契約では、法律上では次の次まで決めることが可能です」

サラリーマン出身の男性は家族信託を具体的に検討した。

上場企業の役員まで務めた80代の男性は、半年前に脳梗塞を起こして救急車で搬送された。その後退院できたが物忘れが激しくなり、男性はこのまま認知症になってしまうことを恐れた。男性には持ち家・預貯金・株などを合わせて1億円を超える財産があった。

男性は妻と長男を連れ、家族信託のコンサルティングを行っている「民事信託相談センター」主催の説明会に参加し、個別相談を申し込んだ。同センターの本間弘一代表理事が話す。

「家族は、男性が築いた財産なのだから、男性が施設に入る時は、財産を使ってできるだけいい施設で過ごして欲しいと思っていました。しかし認知症になって成年後見人をつければ、自由に施設を選ぶことができなくなると考え、家族信託を検討しようと思っていました」

男性と長男が信託契約を結び、男性の財産の管理を長男に託せば、男性が施設に入る時に長男の判断で施設を選択し、男性の財産を入居費等に当てることができる。

本間氏が初めて家族信託のコンサルティングを行ったのは２０１６年のことだった。

70歳の夫と60代後半の妻が、夫の２歳上の姉の介護を前にして、家族信託を検討するために相談に来た。姉は脳梗塞を起こして入院し、右足が不自由になり、物忘れが激しくなった。認知症の影響か警戒心が強くなり、弟である夫にも預金通帳を見せなくなった。

妻から見た時の問題は、夫が姉より先に亡くなることだった。妻は夫が亡くなっても姉の介護を続けるつもりでいたが、介護費用として姉のお金を勝手に使うことができないという点に不安を抱えていた。

本間氏は半年かけて、義姉を委託者、妻を受託者にして信託契約を結び、義姉のお金１０００万円を原資として、受託者である妻の名義で信託口座を開設した。これにより妻は信託契約にしたがって介護のために姉のお金を使うことができる。

本間氏が振り返る。

「一番の効果は、妻の気持ちが楽になり、介護に前向きになれたことでした。その後、姉はペットを飼える特養に移ることができました」

ちなみに、姉は預金口座を７つ持っていた。金融機関が破綻した時、１０００万円以上の預金は保護されないペイオフが解禁された後、預金を分散したためだった。また、姉は施設に入る時、長年住んだ定期借地権付きの家を売ることにしたが、検討している間に地主が代わり、様々な条件交渉が必要になった。

夫妻が対策を取らなければ、分散した口座の行方が分からなくなり、家の売却でトラブルが発生した可能性がある。

家族信託は、相続対策に着手するきっかけにもなる。

「相続対策の最大のネックは、子供がすすめても親が『オレが死ぬのを考えているのか』と反発してしまい、着手できないことです。家族信託の一番の目的は認知症対策ですが、契約を結ぶ際に財産の帰属先（相続先）を決めるため、必然的に相続についても話し合うことになるのです」（本間氏）

家族信託の問題点

家族信託のリスクを挙げるとすれば「不正」だ。

成年後見制度の問題の1つは親族が財産横領などの不正を犯すことだが、家族信託でも、財産管理を託された子供が親の意向に背いて財産を勝手に処分する可能性がある。

家族信託は契約した瞬間にはじまる。親の意思能力がしっかりしていれば子供がすることはないはずだが、受託者（子供）の権利は強いため、理論上は、親の目の前で受託者が強引に財産を処分することもできる。

本間氏は、「それを避けるために、契約書の第1条に『お互いに協議して』という文言を入れます」という。

また、成年後見人には裁判所という監督機関があるが、家族信託には監督機関がない。そのため本間氏は監督機関として「信託監督人」をつけたことがある。

東京都在住の父親が財産管理を任せるために家族信託を検討し、長男（兄）は転勤で関西に住んでいたため、近所に住んでいる長女（妹）を受託者にする方向で話が進んだ。しかし兄妹仲は決して良くはなく、兄は「あんなズボラな妹に管理できるはずがない」と心配した。

そこで本間氏の提案により、税理士に信託監督人就任を依頼し、信託契約書には、妹が税理士に定期的に管理内容を報告する項目を入れることにして、兄は納得した。

「ただし、家族信託は、親と子供がじゅうぶんに話し合って合意したうえで契約するものです。そこまでして合意した契約に、わざわざ第三者を介入させることを望む人は多くありません。私はこれまで100件以上の契約に立ち会ってきましたが、信託監督人をつけたのは1件だけですし、現時点で子供が勝手に財産を処分するなどのトラブルは聞いていません」(本間氏)

家族信託を結ぶためにはとにかく話し合うことだという。

「本人の意志だけで作成できる遺言書とは異なり、家族信託は親と子供が同意して初めて成り立ちますが、親にも子供にもそれぞれ意向があり、同意に至ることは決して簡単なことではありません。また、手間も大変かかります。

専門家の中には、あらかじめ作ってある契約書に沿って同意を求める人もいますが、私は、とにかくコミュニケーションを取り、合意に沿って契約書を作ることを重視していきます」(同)

家族信託の利用はまだ日が浅く、出来ることと出来ないことについては専門家でも法律の解釈が分かれ、判例も少ない。家族信託事業に参入したものの、取り扱いを止めた金融機関もある。実務経験者がまだまだ少ないことも覚えておくべきだろう。

金融機関の認知症対策

高齢者問題は今にはじまったものではないが、とりわけ金融機関は高齢化への対応が遅れている。

金融機関の中で、取り組みが注目されているのが城南信用金庫（東京・品川区）だ。理事長を退任した吉原毅氏が高齢者を守ることを目的として、2015年に、一般社団法人・しんきん成年後見サポート（SKサポート、吉原毅理事長）を設立した。

吉原氏が話す。

「金融機関が超高齢化社会への取り組みに遅れていることは前々から痛感していました。預金、不動産、有価証券等は高齢になれば管理が難しくなるし、認知症になれば管理できなくなります。高齢者を狙った詐欺も増えるばかりです。これを誰が、どのようにして守るのかを考え、品川区内に店舗のある他の信金にも声をかけて、5つの信金でSKサポートを設立しました」

SKサポートの当初の事業は法定後見人の受任だった。

城南信金が本店を置く品川区の社会福祉協議会（社協）は、成年後見に関する相談の受け付け、家庭裁判所への申し立て、そして後見活動までを一括して行っている。これが

「品川モデル」と呼ばれて評価されてきた。

ＳＫサポートは品川社協と連携して法定後見人の受任をはじめたのだ。ＳＫサポートのスタッフが男女ペアとなり、後見人につくのである。親族や専門職が後見人につくことに対し、これは市民後見人と呼ばれる。

後見制度には「法定後見」の他に、本人が事前に後見契約を結び、意思能力がなくなった時に後見を開始する「任意後見」がある。本人の意向を汲んで事前に準備できる利点があり、法定後見と共に任意後見の受任も増えていった。これも男女ペアでついている。

しかし相談を受け、様々な事例を経ていくうちに、後見制度では足りないことが見えてきたという。

「法定後見は、現在は士業（弁護士、司法書士等）が後見人につくケースが増えていますが、制度上、融通が利かない、親族の意向を汲み取ってくれない等の問題があります。後見人への報酬も決して安くはありません。任意後見にしても、後見を開始する時に裁判所に申し立てて後見監督人が選任されるため、融通が利かない面が多々あります。

最大の問題は、本人の財産を家族のために使えないことです。財産は家族のためにもあると考えた時に、後見制度では対応できないのです」（吉原氏）

その結果、ＳＫサポートで増えてきたのが家族信託契約の支援だという。

家族信託でも親の意向や利益に背いて子供が財産を勝手に処分する可能性があることは前述したが、ＳＫサポートでも信託監督人を選任したり、受益者代理人をつけたりしている。

ＳＫサポートに連動する形で、金融機関として初めて城南信金は家族信託専用の口座を用意した。通常の預金口座と異なり、名義人の受託者が亡くなった時のために次の受託者を指定しておくことなどが設計されている。口座を2種類用意して、受託者が単独で引き落とせる小口口座と、信託監督人と受託者が揃えば引き落とせる大口口座に分け、大口口座から小口口座へ定期送金も行っている。また、受託者名義となる不動産を担保とした融資も行っている。

ＳＫサポートでも、家族信託の契約サポートが増えていくに連れて、それに付随する公正証書遺言の作成支援、遺言の執行、死後事務の受任などサービスの内容が広がってきた。

「本人の財産の内容、その状況、家族との関係などは人それぞれ違います。内容を聞いてこちらが適切だと判断したものをすすめる形ですが、家族信託を選択する家族が増えてきました。家族信託にしても契約内容は一律ではなく、金銭だけを信託する、不動産を加えるなどそれぞれ異なり、それに遺言の執行を付けたり、死後事務を受任したり千差万別です。重要なことは、家族に合わせてオーダーメイドでサービスを提供していることであり、そのためのノウハウが蓄積されていることです」(吉原氏)

城南信金でもこれに合わせ、「病気により現金の引き出しが困難な人に現金を届ける」「病院などの請求に対応して振り込みを行う」「定期預金の積み立て金の集金時に見守りを行う」などのサービスを提供するようになった。

この事業を、城南信金としてではなく、わざわざ一般社団法人を設立してはじめたのは利益を追求しないためだ。

SKサポートの運営は5つの信金が会費を支払って支え、サービスを提供する際の手数料をできるだけ低くしている。また、スタッフは5つの信金のOB・OGで構成されて平均年齢は68歳と高く、80代のスタッフもいる。給料は最低賃金程度にして、人件費を抑える体制を採っている。

「スタッフは年金をもらっているので給料が低くてもやっていけるのです。福祉はお金がかかり、利益が出るものだとは思っていませんでした。そこで信金OB・OGをスタッフとしたのですが、高齢者による高齢者福祉という点では理想だと思っています」(同)

現在、ＳＫサポートが受任している法定後見は38件（成年後見28件、保佐6件、補助4件）。任意後見は89件。家族信託契約は年間２００件に上り、類似の機関より1桁多いという。遺言執行者指定は２７２件を数えている（２０２１年12月）。

ＳＫサポートに続いて、沼津信金（静岡県）が２０１７年5月に一般社団法人・しんきん成年後見サポート沼津を、花巻信金（岩手県）が同年6月に一般社団法人・しんきん成年後見サポート花巻を設立するなど、金融機関でも利益を追求しない高齢者福祉が広がりつつある。

高齢化の進行と国の対策の遅れにより、認知症と相続を巡るトラブルは今後も増えていくだろう。家族から見れば、そもそも介護という問題がある上に、相続についても対策を採る必要があり、負担はますます重くなる。しかしそれでも、できるだけ早めに対策に着手することが重要だ。合わせて、国に対して制度整備を求めていくことも必要である。

第7章　理想の相続

相続の形は、１００の家族があれば１００通りあるが、理想の相続とは何か？

相続に詳しい税理士たちは、相続争いやトラブルを数多く経験してきた一方で、「理想の相続」も見てきた。民法では財産の分配割合が定められているが、故人の遺志が尊重され、相続人同士が譲り合えば、法定通りの分配には至らないことが多いという。遺言書が遺されていても、相続人全員が合意すれば遺産分割協議に移行することもできる。理想の相続に向けて早めに動く人たちもいるが、親の気持ちに子供が応えられなかったり、夫の気持ちが妻に通じなかったり、意外に難しい。

譲り合った兄妹

阿保秋声税理士は、相続税の申告書作成をこの数年間で50件以上行った。同業の税理士から回って来た難しい案件も多いという。

阿保税理士が振り返る。

「相続人の1人か2人が欲を出して揉めたのが2割ほど。相続人同士が同じ書面に印を押したくないと言い出し、別々の申告になったものもあります。一方で、相続人たちがお互いのことを考えて譲り合い、気持ちのいい相続もありました」

先に、別々の申告に至ったケースを挙げる。

両親は実家で暮らし、子供2人（兄と妹）はそれぞれ結婚して離れて暮らしていた。父親が亡くなった時、法定通り母親が半分、兄と妹が残り半分を均等に相続する話が進んだ。しかし、しばらくして妹が均等分配に反対してきた。
兄は、両親が建てた家に20年住み、両親に家賃を払っていなかった。妹は、家賃免除による両親から兄への援助は金額に換算して3000万円になり、「その分を考えれば法定相続は嫌だ」と言い出したのだ。

「兄夫婦は、近隣に住んでいる妻の両親の面倒を看ていて、妻の両親に感謝されて関係も良好でした。しかも兄の妻は、時間を作っては兄の実家にも行って義父母の面倒も看ていました。一方で妹は結婚してから実家に寄りつかず、好き放題していたようです」（阿保税理士）
兄夫婦には子供が2人いるが、妹夫婦にはいなかった。（父親は孫に生前贈与していたが、学費程度の数十万円。数百万円かかった父親の葬儀代は兄が負担した。

「兄は家賃を払ってこなかった、という妹の言い分も分からないではありませんが、兄夫婦が両親の面倒を看ていたことなどを加味すれば、兄のほうが多くもらってもいいぐらいでしょう。しかし妹は折れませんでした。兄もとうとう怒り出し、『裁判になっても構わないので、妹と均等の相続で申告して下さい』と言い出したのです」（阿保税理士）

母親が特例を利用して自宅を相続したため、阿保税理士は遺産分割協議書の一部を作成し、法定通りとして母親と兄の分だけ申告した。その後、妹は別の税理士に依頼して申告した模様だという。少なくとも申告後1年は、妹が裁判に訴えて来ることはなかった。

一方で、阿保税理士が今も印象に残っている相続がある。

千葉県に住む夫婦と子供3人（長男、次男、長女）の5人家族。板金工場を経営していた父親は、子供達が10代の頃に借金して高額の機械を導入し、身を粉にして働いた。長男と次男は父親の跡を継ぐために大学卒業後に板金工場に入った。

母親が早くに亡くなった後、兄弟が40代後半、妹が30代半ばになった時に70歳を前にした父親が亡くなった。

長男と次男が板金工場に入ると会社は成長し、その分だけ会社の株の評価額が上がり、相続税が高くなった。

父親は会社の株の半分を子供たちに生前贈与していたが、父親の持ち分はまだ相当額あった。自宅と預貯金を加えて相続財産は3億円を超え、相続税が5000万円かかることが分かった。しかも子供達が相続する大半は会社の株のため、納税資金を捻出しなければならなくなった。

長男、次男、妹夫妻は阿保税理士の事務所に集まり、阿保税理士が立ち会って話し合いをはじめた。

最初に口を開いたのは妹の夫だった。

「夫婦でよく話し合いましたが、財産はお父さんとお兄さんたちが築いてきたものです。私たちはいりません」

夫はそう言って妹に同意を求めると、妹もうなずいた。

少し間を置いて兄が、「ありがとう。でもそういうわけにはいかない。お金を借りることもできるし、相続して欲しい」と穏やかに応えた。

相続人の間で合意できれば、財産の分配は自由に決められる。阿保税理士の提案により、長男と次男が借金せずに相続税を支払える範囲で、妹も多少の現金を相続することになった。その額は、法定相続分よりずっと少ないものだった。

妹の夫は中小企業のサラリーマン、妹は専業主婦。子供はまだ小さく、これからまだまだお金がかかる。妹夫婦は数千万円相続できたが、望まなかったのだ。

「親から相続する財産はいわば不労所得です。しかし、目の前に現金が積まれた時に『いりません』と言うのはなかなか難しく、普通は欲しがります。相続は、相続人の妻や夫が口を出してきて揉めることも多い。妹の夫は違いました。どうすればこうして譲り合えるのかは、人間性としか言いようがありませんが……」（阿保税理士）

次は兄が譲った話だ。

父親（開業医）が70代半ばで亡くなり、60代後半の母親、40代後半の長男（勤務医）、30代後半の長女の3人が相続人になった。

父親は140坪の土地に家を建てて住み、そのうち20坪を利用して新たに病院兼住居を

建てたばかりだった。土地だけで数億円の価値がある。しかし相続の時、長男は「育ててくれて医者になれた。家もお金もいらない」と譲った。

「できた兄でした。すごく優しそうでしたし、実際に優しいのでしょう」（阿保税理士）

配偶者が相続する時は、法定分または１億６０００万円までは非課税で相続できる。そこで母親が家を相続し、結婚して離れて暮らしていた長女が「心配だから」と母親と同居することになった。

長女が母親と同居するのは、母親が亡くなった時の2次相続対策にもなる。同居している子供が家を相続する時は、土地の評価を8割減額できる特例があるためだ。

「１４０坪の土地があれば、将来何か起きた時に土地を切り売りすることができます。これが40坪しかなければ切り売りすることもできないのですが……」（同）

「法定相続」は理想にあらず

民法（相続編）では、配偶者・子供・親・兄弟の有無に応じ、法定相続人の相続割合が細かく定められている。しかし相続財産には分割の難しい不動産があったり、特例の利用で各相続人の税額が異なったりするため、法定通りの分配は現実には難しい。

阿保税理士にもこんな経験がある。

80代の父親が亡くなり、母親と子供３人が相続人になった。

母親は特例を利用して１億円の土地を２０００万円に減額して家を相続し、子供３人は父親の預貯金２０００万円を均等に分ける方向で話が進んだ。これに60代の長男が反対して法定相続を主張し、合意に至ることができなかった。

父親の預貯金２０００万円を子供たちが均等に分けるだけでは、長男は約６６０万円しかもらえない。長男の主張通り、父親の財産１億２０００万円を法定通り分配すれば、母親は半分の６０００万円、子供３人は残り半分を均等に分けるため、長男は２０００万円を相続できる。

母親が土地を相続した上で法定通り分配する時は、母親は４０００万円の現金を用意して子供たちに渡す必要が出てくる。母親にそんな現金はなかった。長男は、母親に対して

「家を出て行ってくれ」と言ったも同然だった。

　阿保税理士が振り返る。

「長男は母親を施設に入れ、実家を売却して財産を分けたいようでした。初めて家族と面談した時、長男は分別のある、できた人物に見えましたが、人は見た目では分からないものです」

　家族の形や事情はそれぞれ異なり、お互いが譲り合えば相続人が相続する財産には差が出てくる。法定相続は、そうした譲り合いができない時に機械的に財産を分配する規定とも言える。

「昔は、長男が両親の面倒を看る、または家を継ぐので多く相続するなど状況に応じて暗黙の了解ができていました。最近は、長男が両親の面倒を看ても弟妹は『勝手にやったんでしょ』と言い出し、法定相続分を当然の権利だと主張することが増えています。

　欲を出す相続人が最後に振りかざす〝剣〟が法定相続という権利であり、揉めるから法定相続になるのです」（同）

　阿保税理士は、揉めた時には相続人にこう問いかける。

――あなたが相続人ではなく、故人（被相続人）だとしたら、誰に何を相続して欲しいですか？

妻に通じなかった夫の気持ち

関西在住の自営業の父親（80代）が長男（50代）を連れて内堀郁江税理士の事務所に来た。

父親は50代の時に高級住宅地に3階建ての家を建てて住んでいたが、近年の地価高騰を見て、長男と次男が相続の時に相続税を払えるのか心配になった。内堀税理士が計算すると、父親が考えていたほど相続税は高くならず、長男と次男が払える額だった。

しかし問題は別のところにあった。

大阪国税局で資産課税部門を歩み、法令解釈の指導、不動産の評価・公売も経験した内堀税理士が話す。

「相続税の額ももちろん大切ですが、相続は、自分がどうしたいのかを子供に伝えることが大事です。父親に聞くと、唯一の希望は『土地を売って欲しくない』ということでした。

苦労して買った土地は一生かけて作った財産であり、子供に引き継いで欲しいと思っていたのです」

しかし長男は実家近くにすでに家を建て、次男は移った先の福岡に住み続けるつもりだった。2人とも仕事や家族の都合があり、父親が亡くなっても実家を継ぐことはできない状況だった。

「幸い、父親と長男は話し合う気持ちを持っていて、まだ時間があるため色々なことを検討できるのはよいことでした。相続が起きた時にこの話が突然出てくれば揉めていたでしょう。

生前に税理士に相談に来る人は、こちらの話も真剣に聞いてくれるし、私も踏み込んだ提案をすることがあります。しかし申告の時に初めて来る人はそうではなく、できる提案も限られてしまいます。もう少し早く来てくれればできることがあったのに、と思うことは少なくありません」（同）

内堀税理士は理想の相続をこう話す。

「亡くなっていく親と、残される配偶者や子供たちの気持ちが一致すること。しかしどうしても合わなかったり、気持ちが通じなかったり、想定外のことが起きたりするものです」

夫の気持ちが妻に通じない時もある。

資産家の父親の家で、50代後半のサラリーマンの長男が妻と20代の息子と同居していた。その長男がガンを発症。余命を知り、妻の将来を心配した。自分が亡くなった後、妻が父親の面倒を看ても、妻は相続人ではないため何も相続できない。長男は、妻が父親の養子になり、財産を相続できるようになることを望んだ。

内堀税理士が話す。

「成人同士の養子縁組はすぐにできますが、妻は義父との関係で苦労してきたため、養子になる踏ん切りが付かず、お金が欲しいという欲もありませんでした」

長男は内堀税理士に「先生からも（養子になるように）妻を説得して下さい」と言っていたほどだが、妻はその一歩を踏み出せず、長男は亡くなった。

生前対策を進めたばかりに悲劇が起きることもある。

会社経営者の父親は60歳を迎えたのを機に、長男、次男、三男のうち三男を後継者に決めて会社の株を三男に贈与しはじめた。

生前贈与しておけば将来の相続税が下がるうえに、後継者の三男が株の大半を持てば、将来、長男と次男が株を相続して経営権を巡る争いが起きることも避けられる。

三男は父親の会社に入り、後を継ぐ準備をはじめた。２年が過ぎた時、三男は「新規事業をはじめたい」と言い出したが、父親は認めなかった。

三男は、提案を反対された時は諦めた様子に見えたが、実際はそうではなかった。父親は引退するまでは経営権を握るつもりで、三男に5割以上の株を贈与するつもりはなかったが……。

内堀税理士が振り返る。

「数カ月後、三男の要求によって開いた株主総会で父親が解任されてしまったのです。会社の株を一部持っていた父親の母が、可愛がっていた孫（三男）の味方になり、父親の解任に賛成したためでした。父親にとっては想像すらしていなかった出来事でした」
　ちなみに中小企業の経営者は、会社の継承に当たって「血」にこだわる人が多く、えてして失敗する。ある事業承継コンサルタントによれば、某中小企業の経営者は子供がいなかったが、会社には長年の番頭の他に優秀な社員が多く、後を継げる人材は複数いた。しかし血にこだわり、ある日突然、事業経験のない遠縁の若い男を連れてきて後継者に据えた。会社がうまく行くはずがなく、経営者が亡くなった後に会社は瓦解したという。

内堀税理士にも同じような経験がある。

会社経営者の父親に娘が2人いた。父親は半ば引退し、姉が事業を切り盛りして、妹の夫が営業を一手に担っていた。
将来の承継に向けて、父親が所有している会社の株を分配する話が出た時、父親は娘2人に株を持たせることにこだわり、妹の夫に株を持たせるつもりはまったくなかった。

内堀税理士が話す。

「妹の夫はそれでは続けて行けないでしょう。私は、妹の夫にも株を持たせるべきだと提案しました。姉が50％、妹が30％、妹の夫が20％にして、姉妹として半々を相続するという選択もあります。しかし父親は頑として聞き入れませんでした」

親は自分の財産の相続を前にすると、子供たちに様々なことを求めるが、簡単に通じるものではない。

「相続を決めるのは『制度』ではなく、『人の気持ち』だからです。親は自分の思いだけではなく、子供（相続人）がどんな人間で、何を望んでいるのかを見極め、話し合うことが大切です。そのために信頼できる税理士など専門家を見つけて相談することをすすめます。大事なことは、その時にすべて話すこと。そうでなければ専門家は最適な提案ができません」（同）

制度を知らなかったために多大な損失

相続税を減額できる特例を知らなかったために多額の負担を強いられることがある。

東京に住んでいた50代後半の男性サラリーマンは、関西に住む父親が亡くなって母親1

人になった時、実家に帰って母親の面倒を看ることに決めた。

しかし会社の早期退職制度を利用して退職し、自宅を売却して帰る準備ができた直前に、母親は施設に入り、実家に戻ることなく2年後に亡くなった。

これまで繰り返してきたが、故人と同居していた配偶者や子供がその家を相続する時は、土地の評価額を8割減額できる「小規模宅地等の特例」が利用できる。

残念ながら男性はこの特例を知らなかった。知っていれば、もう少し退職を早め、または母親が施設に入ることを遅らせて同居し、特例を利用できた可能性がある。母親の面倒を看るために、家を売って早期退職したことを考えれば、特例を利用できてしかるべきだろう。

特例利用の可否は大きかった。男性は特例を利用した時に比べ、1000万円近く相続税が高くなってしまったのだ。

「小規模宅地等の特例という言葉を知っていても、複雑な内容を理解している人は少ないでしょう」（内堀税理士）

また小規模宅地等の特例では、故人と同居している他の配偶者や子供がいなければ、所有物件に住んでいない子供に限りこの特例が利用できる（家なき子特例）。

「家なき子特例に至っては、取得者条件があり、それがさらに厳しくなったことを知っている人がどれだけいるでしょうか。相続制度は改正も多く、相続人がすべてをフォローするのは難しい」（同）

一般的にそこそこ言葉は知られていても、現実の運用を理解している人が少ないと思われる例では、「遺留分制度」も挙げられる。

たとえば父親に長男と次男がいる時、遺言書で「財産はすべて長男に渡す」と書いたとしても、法定相続人の次男には一定の財産を請求できる権利（遺留分）がある。遺留分は法定相続の半分のため、法定相続人が長男と次男の場合、次男は財産の４分の１を請求できる。

「しかし遺留分は相続開始時点の財産ではなく、生前の贈与が加味される場合があり、機械的に４分の１になるのではありません」（同）

相続対策に翻弄される人たち

「相続では、もらった財産の額以上に相続税がかかることはありません。しかし１９８０

年代後半以降のバブルの時は『相続破綻』という言葉が生まれました」

東京国税局で資産課税部門を歩み、世田谷税務署長を務めた梶山清児税理士はこう振り返る。

地価が高騰して相続税が跳ね上がる問題が起きたバブル時は、借金して不動産を購入するという相続税の節税策が広まった。

相続税を算出する時、土地は、毎年７月１日に発表される、時価の７〜８割の価格である路線価、建物は固定資産税評価額を基にする。地価が上昇している時は路線価の改定が追い付かず、時価との乖離が大きくなる。これを利用するのだ。

たとえばＡさんが所有する自宅が地価高騰で評価額１億円になった時、Ａさんが亡くなれば相続税は数千万円にのぼる。そこで、Ａさんが１億円借金して新たに１億円のマンションを購入する。不動産の時価１億円に対し、路線価は改定が追いつかず３０００万円とすれば、Ａさんの財産評価額は、自宅と新たなマンションで計１億３０００万円だが、１億円の借金があるため課税対象財産は３０００万円まで減り、相続税を大きく減らすことができる。相続を終えればマンションは売却してもいい。地価はまだまだ上がるため、１億円以上になるだろう――バブル時はこう喧伝され、普通のサラリーマンでもこの対策に走った。

しかし抜け道はすぐに塞がれてしまう。

「租税特別措置法が改正され、3年以内に購入したものは購入価格で計算することになったのです」（梶山税理士）

そしてバブルが崩壊し、地価は暴落した。1億円で購入したマンションが5000万円でも売れなくなり、売っても借金が返済できず、破綻する人が続出したのだ。

以降も不動産を利用する節税策は途切れることなく、形を変えて次々と編み出され続けている。

近年は「タワマン節税」が流行した。タワーマンションは上層階ほど時価が高くなるが、相続税算出時の評価額は一律のため上層階ほど時価と評価額が乖離する。1億円で購入した部屋の評価額が5000万円を割る時もあり、上層階を購入すれば相続税が大幅に下げられるメリットがあった。

しかし、これも評価額の算出方法が見直されて節税効果が出なくなったうえに、住環境や修繕費負担等を原因に〝タワマン暴落〟が懸念されている。

近年、都心の地価が再び上昇している。新たな節税策が出てきて翻弄される人が出てこないと言えるだろうか？

梶山税理士はこう警告する。

「国税当局は、抜け道があると分かれば必ず塞いできます。法人税や所得税は毎年申告するため、抜け道が塞がれるまで利用できます。しかし相続税の場合、相続が起きるのが何年先か分からず、その間に抜け道を塞がれて、逆に損することもあり得るのです」

「財産分配表」作成のすすめ

親の財産を子供たちが均等に相続することが決まったとしても、たとえば親の援助で長男が家を建てていれば、次男は、親が亡くなった時点の財産を均等に分けるだけでは不満が残ることが多い。

秋山清成税理士はこうしたケースへの対処を指南している。

大阪市に住む70代後半の父親が亡くなった時、5歳下の母親は家と預貯金など夫の財産の大半を相続した。

その後、母親は秋山税理士の事務所に相談に来た。自分が亡くなり、子供2人が相続する時に揉めて欲しくないと思っていた。

「父親も母親も中小企業の会社員でした。家の評価額は２０００万円弱でしたが、貯金は2人合わせて1億円を超えていました。母親は『昔は貯金の利息が高かった』と謙遜していましたが、株に手を出さず、堅実に貯めて来たのです。

今の70代、80代の人は、真面目にコツコツと貯めてきた人が少なくありません。こうして築いた財産が原因で子供たちが揉めるのはやり切れないでしょう」（秋山税理士）

母親は長男と次男を連れて秋山税理士立ち会いの下で話し合い、兄弟均等に相続することなどを決めた。この時秋山税理士がすすめたのが、「財産分配表」の作成と生前贈与だった。

財産分配表とは、父親の生前を含め、両親から子供に分配された財産を時系列で記録するもの。父親は生前、１０００万円の住宅資金を次男に援助していた。父親が亡くなった時点で、次男は長男より１０００万円多くもらっている。

話し合いの後、母親は長男の子供3人と次男の子供2人にそれぞれ年２００万円の生前贈与をはじめた。長男は子供が1人多い分、次男より年２００万円多く生前贈与を受ける。5年経てば１０００万円となり、次男が援助を受けた額に並び、6年目以降は長男のほうがもらう金額が多くなる。

財産分配表を毎年記録していけば、母親が亡くなって相続する時、それを見て兄弟が均等になるように分配できる。

「親からの過去の資金援助の多寡が原因となり、相続時に、兄弟姉妹が不仲になることは多くあるのです。事前に話し合い、財産分配表を作成して記録すれば、将来揉める可能性は大きく下がります」（秋山税理士）

長男と次男はそれぞれ家を建てて母親とは別々に住んでいる。母親の面倒を看る必要が出てくれば、どちらかが母親を引き取り、その負担を相続時に加味することも決めた。

「大事なことは、現時点で話し合いができていることです。これだけ話がまとまっていれば、将来、問題が起きても解決できるでしょう」（同）

しかし話し合いができなければ、せっかくの財産分配表の作成も形だけに終わる可能性が高い。

秋山税理士が亡夫の相続税申告を担当した後、70代前半の妻が、長女と次女の将来の相続を心配して相談に来た。亡夫は財産もそれなりにあり、恵まれた家族に見えた。しかし相談に来た時、妻は明らかに悩んでいた。

心の内を話せずにいる妻に、「すべて話してくれなければ、適切なアドバイスはできませんよ」と秋山税理士が諭すと、子供たちのことを初めて打ち明けた。

秋山税理士が話す。

「母親は、我が強く、理不尽なことばかり言う次女が苦手でした。そして姉妹は不仲だったのです」

長女は結婚して実家から少し離れたところで家を建てて住んでいる。次女は離婚して子供を連れて実家に帰り、母親と同居していた。

父親が亡くなった後、次女は長女に向かって、「あんたは家を建てた時に父さんから２００万円の新築祝いをもらったんだから、母さんの（相続の）時はその分減らしなさいよ！」とか、「あんたは裕福な家に嫁いだんだから安泰でしょ！」と、母親にも聞こえよがしに言い放った。
「母親は、信頼して可愛がっている長女に多くを遺したいと思っています。長女は、次女との関係を考えて半々でも仕方ないと思っています。しかし次女は、母親と同居していることを盾に取り、半々では絶対に納得しないでしょう」（秋山税理士）
秋山税理士は母親に財産分配表の作成を勧めた。
「しかしそれは最低限の対策でしかありません。何をしても、長女と次女は揉めるでしょう。どうしようもありませんが、相続専門の税理士でも迂闊には踏み込めない家族の問題なのです」

家族同意の下で作成すべき遺言書

自分で書いて保管しておく「自筆証書遺言」は、本人が亡くなった時、開封せずに裁判所に持参して検認してもらう必要がある。

検認後、相続人が初めて内容を知って驚くことも多い。

「遺言書を書いたから大丈夫や」――。

こう豪語していた会社経営者の男性が70代後半で亡くなった。検認を終え、相続人の妻・長男・長女の3人は初めて遺言書を見た。縦書きの便せん2枚に書かれた文字は、確かに父親の達筆のくずし字。しかし、3人は拍子抜けしてしまった。

父親が書いていたのは、「会社の株はすべて長男に渡す」「現金は妻と長女が半々に分けること」、そして「もし長男が金に困っていれば、母親の判断で現金を分けてあげること」の3点だけだった。

父親は、他に所有していた自宅や株については書いていなかったのだ。

片山敏彦税理士が振り返る。

「遺言書があれば遺言通りに財産を分けますが、相続人全員が合意すれば、遺言書を無視することができます。この遺言書では、自宅や株を誰が相続するのか決めることができません。そこで相続人3人が合意して遺産分割協議に変更し、3人で話し合ってできるだけ遺言に沿う形で相続しました」

遺言書は、本人が亡くなった時に家族が初めて見るものという印象だが、実は本人の判断だけで書かないほうがいい。

「家族に内容を知らせず遺言書を遺す人が圧倒的に多いのですが、亡くなった時に相続人が初めて内容を知る場合は、実は揉めることが多いのです。理想は、本人と家族が事前に話し合い、全員が合意したうえで書くことです」（片山税理士）

遺言書は財産の分配を指定するものだが、それ以上に大切なことがある。

「親子の気持ちがすれ違っていることも多く、本人が、自分の気持ちや家族１人１人への思いを書き遺すべきです。生きている時に改まって家族に感謝の気持ちを伝える人は多くありません。遺言書に遺せば最後のメッセージとして長く記憶されるでしょう。相続は単に財産だけではなく、気持ちを引き継ぐものです」（同）

遺言書作成に必要な「税」の知識

遺言書を作成する時は、税の知識も欠かせない。

神戸市に住む女性が弁護士に相談して遺言書を作成した後、80代前半で亡くなった。女性には長男と長女がいた。長男は海外に住んでいた。女性は長女夫婦と同居し、自分のことを大事にしてくれる娘婿に日頃から感謝していた。遺言書には、女性所有の賃貸ア

パートを売り、「長男、長女、娘婿の3人で均等に相続すること」と書き残していた。

遺言書を作成した時、相談に乗った弁護士は知らなかったと見られるが、この内容では実際は均等にならず、税額が高くなってしまう。

片山税理士が話す。

「娘婿は法定相続人ではないため、相続税が2割加算されてしまうのです。概算すると加算額は300万円以上でした。

そこで相続人合意の下で遺産分割協議に変更し、賃貸アパートは、長女が娘婿の分を加えて3分の2、長男が3分の1を相続し、その後売却することを提案しました。娘婿も同意し、相続税が安くなって全員喜んでいました」

税加算額300万円が浮けば自動車が買える。実際、長女の名義で娘婿の希望の自動車を購入したという。

また、財産の分配方法によっては贈与税がかかることもある。

「長男が責任を持って自宅を売却し、弟と妹に財産を均等に分けること」

父親が遺言書にこう書くのは珍しくないが、長男が自宅を相続した後に売却して弟と妹に分ければ、贈与したと見なされる可能性がある。
「余計な税金を支払わないために、不動産などの現物を換金して分割する『換価分割』などの方法がありますが、相続手続きや実行方法によっては無駄な税金がかかってしまう恐れがあるのです」（片山税理士）
遺言書の作成は弁護士や司法書士に依頼しがちだが、税の知識がないため、遺言書の書き方を間違えて余計に税金がかかってしまう可能性がある。近年は、税を学ぶ弁護士や司法書士が増えているという。

何の準備をしなくても、理想の相続を迎えることのできる家族がある。しかし、多くの場合それは難しく、理想の相続に向けて、親子、兄弟姉妹で早くから話し合うことが重要だ。話し合いができれば、解決できることは多い。今、話し合いができなければ、相続の時に話し合うことはもっと難しくなる。理想の相続を実現するためには、相続制度を知り、上手に利用することも重要だ。

●話を聞いた方々（五十音順、一部敬称略）

秋山清成税理士

福岡県八女市出身。大阪国税局で41年間、資産課税部門を歩み、兵庫県明石税務署副署長で退職。２０１５年、相続税専門の秋山税理士事務所（兵庫県姫路市）を開設。著書に『厳しい税務調査がやってくる』等。ユーチューブで開設した相続専門チャンネルは１つの動画の視聴回数が50万回を超えるものもある。

阿保秋声税理士

東京国税局で資産課税部門を歩む。現在は阿保秋声税理士事務所（東京・新宿区）代表。全国税制懇話会の資産税部門責任者を長く務め、現在も委員。

内田誠税理士

１９７１年生まれ。甲南大学大学院修了後、大阪国税局に入局。資産課税部門を歩んで２００７年に退職し、内田誠税理士事務所を開設した後、税理士法人WEST BRAINに加入。相続税専門の税理士として、年間約１３０件の相続税申告を直接、担当している。

内堀郁江税理士

神戸商科大学（現・兵庫県立大学）卒業後、大阪国税局入局。資産課税課、資産評価官付を経験し、各税務署への法令解釈の指導、徴収部での不動産の評価・公売も担当した。27年間勤務して退職し、２０１５年に内堀郁江税理士事務所、ＩＲＩＳ不動産鑑定を開業。２０２０年12月、病気により死去。

岡田俊明税理士

青山学院大学大学院博士後期課程修了。元特別国税調査官。現在は税理士法人白井税務会計事務所（東京・世田谷区）副所長。２０１８年３月まで青学大院非常勤講師。著書に『相続前、相続後、申告・納期限経過後の３段階からみる相続と税の実務に関する32ポイント』等。

梶山清児税理士

東京国税局に入局し、世田谷税務署長、課税第一部資産課税課長、大阪国税不服審判所審理部部長審判官等を歴任。２０１８年に税理士登録。税理士法人みなと財務東京事務所所属。著書に『改訂第五版　専門家のための資産税実例回答集』等。

片山敏彦税理士

１９６０年生まれ。高校を卒業して大阪国税局管内税務署にて勤務する傍ら、大阪外国語大学（現・大阪大学）の2部で学び、卒業後、大阪国税局にて、大口・悪質な相続税事案を調査対象とする資料調査課の国税実査官、国際税務専門官を歴任したたたき上げの苦労人。現在は、あかね税務会計事務所（大阪市）代表。地域の少年野球活動に携わる。

坂尾陽弁護士

京都大学法学部卒、同法科大学院修了。森・濱田松本法律事務所を経て２０１６年にアイシア法律事務所設立。著書に『税務・法務を統合したＭ＆Ａ戦略（第2版）』等。趣味は年間２５０冊の読書、ワイン。囲碁は五段。

篠田大地弁護士

慶應義塾大学法学部卒、東京大学法科大学院修了。本橋総合法律事務所等を経て、しのだ法律事務所（神奈川県海老名市）開設。著書に『Ｑ＆Ａ遺留分をめぐる法務・税務』等。

杉江延雄税理士

慶應義塾大学法学部卒。ホテル勤務を経て税理士資格を取得。現在は新宿総合会計事務所副所長として相続専門チームを率いている。趣味は高校時代から続けてきた楽器演奏。

外岡潤弁護士

東京大学法学部卒。ブレークモア法律事務所等を経て、2009年に「法律事務所おかげさま」開設。介護・福祉および関連する医療のトラブル等の解決に特化し、現場の調和の空気を護ることを使命としている。ホームヘルパー2級。著書に『認知症になった親の財産と生活を守る12のメソッド』『実践　介護現場における虐待の予防と対策―早期発見から有事のマスコミ対応まで―』等。

武田秀和税理士

岩手県出身。中央大学法学部卒。東京国税局に入局し、資料調査課、東京派遣監察官室の他、各税務署で資産課税部門に勤務。現在は武田秀和税理士事務所代表。著書に『相続税調査はどう行われるか』等多数。

星野卓也

1988年生まれ。一橋大学経済学部卒、第一生命保険入社。現在は第一生命経済研究所・経済調査部主任エコノミスト。担当は日本経済、財政、社会保障、労働諸制度の分析・予測。2021年、一橋大大学院経営管理研究科金融戦略・経営財務プログラム修了。跡見学園女子大学非常勤講師を兼任。社会保険労務士。

本間弘一

一般社団法人・民事信託相談センター代表理事、株式会社コンセプト代表、家族信託普及協会会員。司法書士、弁護士等多くの専門家とともに家族信託の相談業務を行っている。また不動産業、生命保険業等へ家族信託の認定相談員の教育を進めている。

松浦章彦税理士

一橋大学商学部卒、三菱商事入社。国内税務業務、事業投資管理業務に従事し、2004年に税理士登録、松浦章彦税理士事務所（東京・目黒区）所長。相続や不動産など個人の資産課税関連を中心として、米国、中国などの海外不動産や金融取引の税務相談を手掛ける。

松尾企晴

大学卒業後、不動産賃貸管理会社を経て、不動産会社プロサーチ代表として相続不動産の売買や有効活用、家族信託のコンサルティング等、相続問題を中心に取り組んでいる。「遺産相続コンシェルジュ」を運営。

本橋光一郎弁護士

東北大学法学部卒。在学中、司法試験に合格し、１９７５年に弁護士登録。本橋総合法律事務所代表。著書に『法律家のための　相続預貯金をめぐる実務』『死因贈与の法律と実務』等。

吉原毅

１９５５年生まれ。慶應義塾大学経済学部卒、城南信用金庫に入庫。２０１０年に理事長就任。現在は名誉顧問。２０１５年に一般社団法人・しんきん成年後見サポートを設立し理事長に就任。麻布学園理事長等も務める。

坂田拓也（さかた たくや）

大分市出身。明治大学法学部卒業。大学を休学して1992年『サンパウロ新聞』（サンパウロ）記者、卒業後、97年〜2004年『財界展望』編集記者。2008年〜18年『週刊文春』記者。現在フリー。経済分野を中心に取材。著書に『経済ニュースの裏とオモテがよくわかる本』（ぱる出版）、編著に『日本人の給料』（宝島社新書）他。

文春新書

1370

国税《こくぜい》OBだけが知《し》っている失敗《しっぱい》しない相続《そうぞく》

2022年7月20日　第1刷発行

著　者　坂田拓也
発行者　大松芳男
発行所　株式会社 文藝春秋
〒102-8008　東京都千代田区紀尾井町3-23
電話（03）3265-1211（代表）

印刷所　理想社
付物印刷　大日本印刷
製本所　大口製本

定価はカバーに表示してあります。
万一、落丁・乱丁の場合は小社製作部宛お送り下さい。
送料小社負担でお取替え致します。

ISBN978-4-16-661370-0